Petra Michaela Schneider

Zitate für jeden Tag
von Bruno Gröning

Bibliografische Information der Deutschen
Nationalbibliothek. Die Deutsche Nationalbibliothek
verzeichnet diese Publikation in der Deutschen
Nationalbibliografie; detaillierte bibliografische
Daten sind im Internet über http//dnb.dnb.de abrufbar.

2020 Petra Michaela Schneider

Herstellung und Verlag
BoD - Books on Demant, Norderstedt

ISBN: 9783751984270

Quellenangabe:
Alle Texte von Bruno Gröning mit freundlicher
Genehmigung der Bruno Gröning Stiftung.

Coverfoto (Sonnenuntergang am Attersee) von
Hanna Keintzel

Biographie Bruno Grönings

Bruno Gröning (ursprünglich Bruno Grönkowski), wurde am 31. Mai 1906 in Oliva, Kreis Danziger Höhe (Polen) geboren. Oft wird als Geburtsdatum der 30. Mai 1906 angegeben, jedoch in seinen Lebensläufen schrieb Bruno Gröning selbst den 31. Mai 1906.

Die Mutter Margarethe, die immer sehr schmerzhafte Geburten erlitten hatte, brachte ihn mit äußerster Leichtigkeit zur Welt.

Er hatte drei größere und drei kleinere Geschwister.

Bruno Gröning wuchs in sehr einfachen Verhältnissen auf, seine Eltern wurden als sehr gläubig beschrieben.

Schon als Kind war sein heilender, beruhigender Einfluss auf Menschen und Tiere zu bemerken. Er besaß schon damals außergewöhnliche Eigenschaften. Belastete Menschen wurden in seinem Beisein wieder frei. Für den kleinen Bruno hatten die Eltern kein Verständnis und so war das Verhältnis sehr gespannt.

Sein Weg zum Erkennen der Wahrheit führte ihn vor allem in die Natur. Den kleinen

Bruno zog es immer wieder in den nahe gelegenen Wald.
„Hier erlebte ich Gott, in jedem Strauch, in jedem Baum, in jedem Tier, ja selbst in den Steinen.
Überall konnte ich stundenlang, es gab eigentlich keinen Zeitbegriff, stehen und sinnen und immer war es mir, als weite sich mein ganzes inneres Leben bis in die Unendlichkeit hinein."
(aus einem seiner Lebensläufe)

Der kleine Bruno wurde ein Sonderling, tagelang blieb er verschwunden.
Im Alter von 8 Jahren sammelte er Brot und trocknete es in aller Stille. Er hatte das Verhängnis des ersten Weltkrieges voraus gefühlt. Das Brot überreichte er seiner Mutter, damit alle etwas zum Essen hatten.

Bruno Gröning besuchte die Volksschule bis zur fünften Klasse. Danach begann er eine kaufmännische Lehre, die Bruno auf Drängen seines Vaters, nach zweieinhalb Jahren abbrechen musste. Der Maurerpolier wollte, dass sein Sohn ebenfalls ein Bauhandwerk erlerne. Deshalb begann Bruno Gröning eine Lehre zum Zimmermann. Doch ein halbes Jahr vor Beendigung der Lehrzeit musste seine Firma mangels

Aufträgen schließen. So kam es wieder zu keinem Lehrabschluss. In Danzig herrschte zur damaligen Zeit eine große Arbeitslosigkeit.

Im Alter von neunzehn Jahren machte sich Bruno Gröning selbstständig und errichtete eine Bau- und Möbeltischlerei. Nach zwei Jahren musste er diese wieder schließen, wegen der schwierigen, wirtschaftlichen Situation. Er arbeitete als Fabrik- und Gelegenheitsarbeiter. Im Anschluss daran war Bruno Gröning in einer Schokoladenfabrik und als Telegrammzusteller beim Postamt Danzig tätig. Bei der Firma Siemens und Halske arbeitete er mehrere Jahre, bis zu seiner Einberufung zum Militär, als Schwachstrommonteur.
Es wurde von verschiedenen Arbeitskollegen berichtet: „Jede Arbeit die Bruno anfasste, gelang." Technische Dinge lagen ihm besonders.

Bruno Gröning sagte: *„Alle diese Arbeiten habe ich mit Interesse verrichtet und besonders lag mir daran, ein Praktikum durchzumachen, wobei ich das Wissen und Können der Menschen in allen Lebenslagen und allen Volksschichten studieren konnte und erfuhr, wie die Menschen ihr Leben* *gestalteten. Ich suchte nicht nur die Ärmsten der Armen, sondern auch die Reichsten der Reichen, um kennenzulernen, wie sie lebten."*

1928 heiratet Bruno Gröning seine erste Frau Gertrud Cohn.

1931 sein erster Sohn Harald wird geboren.

1936 die Familie Grönkowski lässt ihren Nachnamen in Gröning ändern. Bruno Gröning ließ den Namen seiner jungen Familie eindeutschen.

1939 sein zweiter Sohn Günther wird geboren. Bruno Grönings Mutter stirbt.

1940 sein Sohn Harald erkrankt schwer und stirbt im Alter von neun Jahren im Krankenhaus Danzig.
Bruno Gröning wusste vom Heimgang seines Sohnes, den Gott ihm für diese kurze Zeit hier auf der Erde zur Seite gestellt hatte. Es war Gottes Wille.

1943 wurde Bruno Gröning zur Wehrmacht einberufen. Er kam zu einer Panzerjägereinheit und wurde an der Ostfront eingesetzt. Bruno Gröning erklärte: *„Ich werde keinen*

Menschen töten." Wegen dieser Aussage wurde ihm das Kriegsgericht in Aussicht gestellt.

1945 geriet Bruno Gröning in russische Gefangenschaft. Auch dort setzte er sich für seine mitgefangenen Kameraden ein. Er wurde aus diesem Grund dreimal zur Kommandantur zum Verhör geführt. Es wurde ihm sogar mit dem Erschießen gedroht. Mitgefangene erlebten Heilungen von Wassersucht und anderen Erkrankungen, durch die Hilfe Bruno Grönings.
Noch im selben Jahr, es war Dezember, kam Bruno Gröning als Heimatvertriebener nach Dillenburg in Hessen. Als Gelegenheitsarbeiter verrichtete er Arbeiten bei Bauern.

1947 holte er seine Familie zu sich nach Dillenburg und baute sich eine neue Existenz auf. Günther erkrankte im Alter von acht Jahren und starb.
Bruno Gröning wurden diese beiden Kinder von Gott zur Seite gestellt. Er wusste genau, dass sie nicht lange auf dieser Erde sein werden. Bruno Gröning durfte nicht helfen, denn sonst hätte er sich über das Gesetz Gottes hinweg gesetzt.

1948 immer mehr Kranke kamen zu Bruno Gröning, die um Hilfe und Heilung baten.

1949 trennte sich Bruno Gröning von seiner Frau Gertrud Gröning. Da sie ihn immer wieder aufforderte: „Das Heilen zu unterlassen."
Er geriet zum ersten Mal in das Blickfeld der Öffentlichkeit.
Es wurde viel in den Zeitungen von Bruno Gröning berichtet.
Ein Ingenieur Namens Hülsmann, hatte Bruno Gröning aufgesucht, nachdem er von seinen „Wunderheilungen" gehört hatte. Sein Sohn Dieter litt an progressiver Muskeldystrophie und war an das Bett gefesselt. Als er den „Wunderdoktor" in sein Haus einlud, sah er mit erstaunen, dass sein Sohn aufstehen und herumgehen konnte. Ja, sogar die Treppen lief er hinunter. Ein damaliger Zeitzeuge sagte: „Er lief zwar behindert herum, aber er lief." Darauf hin stellte Herr Hülsmann aus Dankbarkeit, Bruno Gröning seine Wohnung zur Verfügung, in dieser er Heilungssuchende empfangen konnte. Jedoch die Anzahl der Hilfesuchenden überstieg alle Erwartungen. Im März 1949 strömten tausende Heilungssuchende zum Wilhelmsplatz 7 in Herford (Westfalen).

Es wurde von außergewöhnlichen Heilungen berichtet, die man mit Bruno Gröning in Verbindung brachte. Selbst von Ärzten als unheilbar Diagnostizierte wurden offenbar gesund. Bruno Gröning sagte, dass er der Sender der Heilwelle sei. Er wies die Menschen darauf hin, dass seine persönliche Anwesenheit gar nicht notwendig wäre, damit die Heilungen eintreten könnten.
Er sagte:

„Ich bin hier und überall zugleich."

In seinen Ansprachen rief Bruno Gröning die Menschen zum Glauben an Gott auf.
Er wies immer darauf hin, dass Gott die Liebe ist und dass die Heilungen nur durch die Liebe Gottes geschehen. Wahre Liebe aber kann man nicht kaufen, sie ist ein Geschenk Gottes.

„Ich verkaufe keine göttliche Kraft!"

„Gesundheit lässt sich nicht kaufen, sie ist ein Geschenk Gottes! Wer das hohe Glück hatte, seine Gesundheit durch mich wiederzuerlangen, der danke Gott jederzeit aus tiefstem Herzen, ich bin nur sein Werkzeug und Diener."

Er lehnte es ausdrücklich ab, sich für seine Tätigkeit bezahlen zu lassen, erhielt aber trotzdem Spendengelder. Diese gab er oft an Bedürftige weiter.

Frühzeitig machten sich aber auch Gegenkräfte bemerkbar.
Die Ärzteschaft erwies sich dem Phänomen Bruno Gröning gegenüber mehr als skeptisch. Da die Ärzteschaft Druck ausübte, sprach der Oberbürgermeister von Herford Bruno Gröning am 3. Mai 1949 ein vorläufiges Heilverbot aus, das am 7. Juni 1949 zu einem totalen Heilverbot für ganz Nordrhein Westfalen führte. So zog Bruno Gröning die Konsequenzen und verließ Herford.
In der Hoffnung seine Heiltätigkeit fortsetzen zu dürfen, fuhr er nach Hamburg. Auch dort erhielt er ein Redeverbot.
Im August 1949 erhielt Bruno Gröning eine Einladung auf ein Gestüt, den Traberhof bei Rosenheim. Dies kam ihm sehr gelegen, denn er hoffte so, dem Trubel um seine Person aus dem Weg gehen zu können.
Nachdem jedoch die ersten Zeitungen über seine Ankunft in Bayern berichteten, sprach es sich wie ein Lauffeuer herum. Ein riesiger Presserummel begann, von aufsehen erregenden Heilungen war die Rede.

Innerhalb kürzester Zeit kam es wieder zu Massenansammlungen. An manchen Tagen wurden bis zu dreißigtausend Menschen gezählt.

Die sensationelle Berichterstattung der Medien erreichte ihren Höhepunkt. Selbst die Wochenschau berichtete über ihn. Dabei wollte Bruno Gröning nie in der Öffentlichkeit stehen.

Das Blatt sollte sich jedoch am Traberhof schon bald gegen Bruno Gröning wenden. Das Gesundheitsamt Rosenheim war der Meinung, das Grönings Wirken, gegen das Heilpraktikergesetz verstößt. Nun hielt Bruno Gröning Glaubensvorträge im kleinen Kreis in Bad Wiessee.

Ein Film, mit dem Titel „Gröning" wurde gedreht (dieser Film ist verschwunden) und in München, Essen und Gelsenkirchen uraufgeführt.

1951 Bruno Gröning hielt das ganze Jahr über Vorträge in der Pension Weikersheim in Gräfelfing bei München.

1952 Bruno Gröning hielt immer mehr Vorträge in privaten Räumlichkeiten.

1953 zum Schutz gründete Bruno Gröning den Verein „Gröning-Bund" in Murnau (von

dem er sich allerdings nach wenigen Jahren distanzierte).
Es bildeten sich in vielen Orten Gemeinschaften.

1954 Bruno Gröning hielt weiterhin Vorträge in Aschhausen, München, Rosenheim und Graz.

1955 die Ehe mit Gertrud Gröning wurde geschieden.
Im gleichen Jahr ging Bruno Gröning die zweite Ehe mit Josette Dufosse ein und zog mit ihr nach Plochingen.

1956 Bruno Gröning hielt Vorträge insbesondere in Westfalen, Niedersachsen, Norddeutschland und Österreich. Er reiste mit Josette nach Frankreich und besuchte den Wallfahrtsort Lourdes.

1957 Bruno Gröning unternahm weiterhin Reisen nach Deutschland, Österreich und Norditalien, um den Menschen seine Vorträge nahe zu bringen.
Er betonte: *„Nicht ich heile, sondern die göttliche Kraft heilt durch meinen Körper und strömt zu den Menschen. Ich bin nur ein Werkzeug."*

1958 Bruno Gröning wurde auch vom Gröning Bund bitter enttäuscht. Die Unterstützung, die er sich erhofft hatte, erhielt er nicht. Durch engstirnigen Bürokratismus und fehlenden Einsatz, wie er selbst sagte, hätte man ihm sehr geschadet. An Stelle des „Gröning Bundes" wurde am 4. Mai 1958 der "Verein zur Förderung seelisch-geistiger und natürlicher Lebensgrundlagen" gegründet. Bruno Grönings Name tauchte dabei nicht mehr auf, da, wie er sagte: „Sein Name bei vielen, wie ein rotes Tuch sei." Dieser Verein besteht bis heute.

Im Spätherbst fuhr Bruno Gröning mit seiner Frau Josette nach Paris. Sie drängte ihn zu dieser Fahrt, da sich sein Gesundheitszustand zusehends verschlechterte. Er magerte sehr ab.

Ihr Weg führte sie zu dem gut befreundeten Arzt und Krebsforscher Dr. Grabon. Aufgrund von Röntgenaufnahmen diagnostizierte man bei Bruno Gröning Magenkrebs im fortgeschrittenen Stadium. Auf Anraten von Dr. Grabon, begab er sich in die Privatklinik von Dr. Bellanger, einem angesehenen Spezialisten für Krebschirurgie in die Rue Henner 5.

Am 8. Dezember 1958 wurde Bruno Gröning dort operiert, doch sein Zustand war schlimmer als erwartet.
Dr. Bellanger zeigte sich Josette Gröning gegenüber sehr betroffen:
„Die Zerstörung in Brunos Körper ist furchtbar. Es ist eine innere totale Verbrennung. Wie er so lange leben konnte, ist mir ein Rätsel. Das Ende ist aber nahe."
Bruno Gröning hatte immer gesagt:
„Wenn man mir das Wirken verbietet, verbrenne ich innerlich."

1959 zwischen Bruno Gröning, seiner Sekretärin und den Vereinsvorsitzenden erfolgen Anfang Januar letzte Besprechungen.

Bruno Gröning starb am 26. Januar 1959 um 13.46 Uhr in Paris. Er selbst äußerte oft, dass dies seine glücklichste Stunde sei, wenn er den Körper endlich verlassen und heimgehen dürfe, heim zu seinem Vater.
Im Totenschein wurde vermerkt, dass Bruno Gröning an Krebs gestorben sei. Dr. Bellanger bezeichnete Bruno Grönings

Zustand ursprünglich als innere, totale Verbrennung.
Diese Todesursache hatte Bruno Gröning vorhergesehen, wenn man ihm das Heilen, immer wieder verbieten würde.

Dr. Bellanger hatte Bruno Gröning im Dezember 1974 in einem Brief seine Bewunderung zum Ausdruck gebracht:
„Bruno Gröning war ein Mann mit Herz, ein wertvoller Mensch, seine Würde in Bezug auf Leiden und Tod erfordert noch heute Bewunderung. Er hat Tausenden und Tausenden von Menschen die Rettung gebracht. Einsam starb er in einer kleinen Strasse in Paris."

Doch Bruno Gröning sagte:

„Aufzuhalten ist es nicht! In der ganzen Welt soll sich die Heilung vollziehen!"
„Ich helfe weiter, so Gott will!"

Auch nach seinem Heimgang können die Menschen erleben, dass der Heilstrom unvermindert weiter zu spüren ist. Seine Lehre hat Bruno Gröning nicht in schriftlicher Form festgehalten. Er hielt in erster Linie frei gesprochene Glaubensvorträge, die zum Teil auf Tonbändern aufgenommen oder mitstenographiert wurden. Außerdem existieren Gespräche, die ebenfalls auf diese Weise der Nachwelt erhalten blieben. Es gibt auch einige handschriftliche Notizen von ihm. Wer sich näher mit seiner Lehre beschäftigt, wird eine große Vielfalt an Themen vorfinden, die weit über den Aspekt der Heilung hinausgehen.

In einem seiner Vorträge erwähnte Bruno Gröning: *„Ich werde ein Buch schreiben."* (Dazu kam es nicht.)

Die Lehre Bruno Grönings hat tatsächlich keinen intellektuellen oder gar wissenschaftlichen Anspruch. Er schöpfte aus einer Quelle, die ihm immer das Wichtigste war: „Gott und seine Schöpfung!"
Der Kern der Lehre Bruno Grönings ist die Lehre Christi! Mit eindringlichen, berührenden Worten rief er in seinen Vorträgen immer wieder zur konsequenten Nachfolge Christi auf! Er hatte einen ganz engen Bezug zu Christus und seiner Lehre und bemängelte, dass man dem „größten Vorbild der Menschheit" nicht wirklich gefolgt sei.

Bruno Grönings Ziel bestand darin, die Menschen zu Gott zurückzuführen und auf der Erde ein Reich des Friedens und der Gesundheit zu verwirklichen.

Er hielt sich selbst nicht als einen Heiler, sondern er sah sich als Vermittler der höchsten Lebensgesetze. Er drücke mit wenigen Sätzen den geistigen Zusammenhang zwischen Gesundheit und Krankheit aus.

Bruno Gröning, ein tief gläubiger Mensch, betonte stets:

„Es gibt kein Unheilbar! Nicht ich heile, es hilft, es heilt die göttliche Kraft! Gott ist der größte Arzt!"

Heute, mehr als 60 Jahre nach seinem Heimgang, ist das Geschehen um ihn nach wie vor von öffentlichem Interesse. Es kommt auch gegenwärtig immer wieder zu Berichten von Heilungen und Hilfen, die sich nach Anwendung der Lehre Bruno Grönings vollziehen.

Liebe Freunde,

viele Fragen beschäftigen uns im Alltag, manches mal wissen wir keine Antwort.
Stellen wir unsere Frage und schlagen das Buch einfach irgendwo auf, wenn es Gottes Wille ist, werden wir Antwort bekommen.

Natürlich kann man das Buch auch einfach durchlesen. Ich rate allerdings dazu, nach einem Kapitel oder nach einem Zitat, eine Pause einzulegen, um es wirken zu lassen.

Beobachten wir beim Lesen unseren Körper, was geht in ihm vor. Bruno Gröning nannte das den größten Gottesdienst.

Viel Freude beim Lesen und Fühlen!

Zitate von Bruno Gröning
1949 – 1958

Gott unser Vater

„Gott ist das Leben, die Liebe ist Gott."

Bruno Gröning erfüllte eine große Liebe und Ehrfurcht vor Gott und seiner Schöpfung.
Er sagte:
„Gott ist unser Vater, Schöpfer unserer Erde.
Wir alle sind von Gott abhängig. Ohne Gott gibt es kein Leben, denn Gott ist das Leben selbst.
Gott ist für uns alles und was sind wir ohne ihn? Ich sage überzeugender Weise, ein Nichts!"

„Wo die Wahrheit ist, da ist Gott."

„Unser wirklicher Gastgeber ist Gott auf dieser Erde und das ist seine Erde und wir haben uns nach unserem Gastgeber zu richten."

„Jedes Lebewesen gehört zu Gott und Gott hat ein, das heißt sein Gesetz. Wer dieses nicht kennt, dieses nicht beherzigt, dieses nicht befolgt, der hat auch keinen Erfolg."

„Gott hat den Menschen schön, gut und gesund geschaffen. So will Er ihn auch haben."

„Gott wird keinen Menschen, keines seiner Lebewesen, um seinen Willen bringen."

„Gottes Wille ist bestimmt, Gott will, dass dem Menschen geholfen wird, so er erkannt hat, dass das Böse ihn herabgewürdigt hat. Gott hilft ihm, Gott führt ihn und Gott verzeiht auch."

„Wer aber den Herrgott in seinem Herzen festhält und mit ihm lebt, wird niemals wieder krank werden. Gestört werden kann nur ein Mensch, wenn er die Regelung nicht überwindet und sich von diesen teuflischen Menschen irreführen lässt, das heißt, dass er diesen Menschen verfällt, indem er Ihnen Glauben schenkt und mir das größte Misstrauen entgegen bringt."

„Es geht doch hier um die Wahrheit, den Menschen die Wahrheit zu unterbreiten, den

Menschen das kundzutun, was Wahrheit ist und wie Gott das Leben für den Menschen bestimmt hat."

"Gott ist unser Vater, der Schöpfer dieser Erde. Er hat den Menschen den Auftrag gegeben, mit den Worten:
"Wachset und vermehret euch!" Er hat die Erde zum Paradies geschaffen, der Mensch soll sie in Ordnung halten."

"Hier ist nur das eine in den Vordergrund zu schieben, dass Sie mir das größte Vertrauen entgegenbringen und den größten und festesten Glauben an unseren Herrgott haben, nicht nur Minuten oder Stunden, Monate, Jahre, sondern überhaupt ihr ganzes Leben, das ist Grundbedingung."

"Sie brauchen nicht an den kleinen Gröning zu glauben, aber Vertrauen müssen Sie mir entgegenbringen und dem Herrgott für seine große Tat, für seine große Macht, für seine Herrlichkeit danken."

"Die göttliche Kraft ist aufbauend."

"Natürlich ist die Natur Gott."

„Mir ist es egal, wie der Mensch zu Gott findet, Hauptsache er findet zu Gott!"

„Alles, was der Herrgott für uns Menschen hier auf dieser Erde geschaffen hat, gehört zueinander. Jeder hat eine Lebensberechtigung."

„Sie wissen ja noch gar nicht, wer Gott ist, wie Gott ist und über wie viel Kräfte Er verfügt."

„Wer besitzt diese Erde? Wer beherrscht diese Erde? Übrigens, wer hat diese Erde, wer hat alle Lebewesen auf dieser Erde, die Ihnen ja nur hier bekannt sind, geschaffen? Wer ist der Besitzer dieser Erde? Wer besitzt uns? Wer ist es? Ist es der eine oder der andere Reiche, der sich diesen und jenen Erdteil erarbeitet, beziehungsweise auch, ergaunert hat? Ist er es? Also, doch Gott. Also zu wem müssen wir stehen? Zu Gott!"

„Der einzige Arzt ist Gott. Gott ist der Sender, du bist der Empfänger."

„Der Arzt aller Menschen, ist und bleibt unser Herrgott."

„Ursprünglich waren die Menschen ganz mit Gott verbunden, da war nur Liebe, Harmonie und Gesundheit, es war alles eins."

„Unser Herrgott ist und bleibt alles. Der größte Arzt aller Menschen ist und bleibt allein unser Herrgott. Nur auf seine Hilfe können wir rechnen."

„Die helfende Hand reicht nach überall. Ich betone noch einmal, dass Gott hier keine Grenzen gesetzt sind."

„Gott ist gerecht, seine Liebe ist echt. Echte Liebe ist die Gerechtigkeit Gottes."

„Gott kennt doch diese, seine Erde ganz genau. Er zeigt sich in seiner ganzen Pracht und Herrlichkeit, in dem, was Er für uns geschaffen."

„In jedem Lebewesen ist Gott. Gott ist wirklich überall. Nur ist in dem Einen weniger, in dem Anderen mehr, das heißt, übermäßig viel ist nichts, sondern nur soviel Leben in ihm, wie Gott es bestimmt hat, aber ER steckt überall drin, überall!"

„Gott will auch weiter nichts, als dass wir uns wohl, dass wir uns wirklich gesund fühlen, auf dieser seiner Erde."

„Wer sich selbst aufgibt, dem kann Gott und dem kann auch ich nicht mehr helfen."

„Nur mit guten Taten kann der Mensch beweisen, dass er mit Gott lebt."

„Gott dienen, heißt helfen. Jede Hilfe führt den Menschen zum Heil."

„Ich habe die Gelegenheit so genutzt, um noch nebenbei die Brücke zu bauen, die zum göttlichen Weg führt. Es war keine schöne Zeit, aber ich habe es geschafft."

„Ich will für die Menschen nur ein Wegweiser sein. Ein kleiner Brückenbauer bin ich gewesen und jetzt bin ich der Wegweiser, indem ich den Menschen den richtigen Weg zeige, den Weg zum Herrgott."

„Gottvater sorgt für unser tägliches Leben."

„Gott verlässt Sie nie!"

„Ich bin nur ein kleines Werkzeug Gottes."

„Ich bin ein Mechaniker, der die Verbindung zu Gott wieder herstellt. Wer in dieser Verbindung bleibt, durch den kann die göttliche Kraft, der Heilstrom wieder fließen und Heilung kann geschehen."

Jesus Christus

„War Christus der Menschheit nicht das größte Vorbild? Er tat all das, was er zu tun hatte, all das, was Gott ihm sagte. Er ging dahin, wohin Gott ihn führte und er sprach all das, was Gott zu ihm gesprochen. Es ist nun mal die Lehre Christi, die Sie beherzigen müssten. Christus hat uns soviel Gutes mit auf unseren Lebensweg gegeben. Warum haben die Menschen das Gute nicht beherzigt, warum haben Sie es nicht in sich aufgenommen?"

„Ein wirklich wahrer Christ kann nur der sein, der Christus so folgt, wie Christus es von uns erwartet, wie seine Lehre uns das alles sagt, meine lieben Freunde. Daher war Christus dreiunddreißig Jahre auf dieser Erde, damit er uns all das vermitteln kann, was Gott für uns, für die gesamte Menschheit zu sagen hat. Anders haben die Menschen nicht mehr auf Gott hören

können. Er (der Mensch) hat es nötig, mit Gott verbunden zu sein und mehr wollte Christus nicht, mehr wollte Gott nicht, das ist die wirkliche göttliche Lehre, das ist die Lehre Christi, wie er sie uns, wie er sie der Menschheit mit auf den Weg gegeben hat."

„Christus ist immer unter den Menschen. Er ist nicht tot, es gibt keinen Tod, es gibt nur eine Erlösung."

„Eines ist Ihnen ja klar, dass vor fast 2000 Jahren Gott uns seinen Sohn sandte. Er sprach zu uns über seinen Sohn, über den Körper seines Sohnes. Christus ist unser Bruder, aber als solchen haben Sie ihn noch nicht erkannt. Er ist so hoch. Er ist ganz bei Gott. Er ist alles!"

„Und nun, meine lieben Freunde, verfolgen Sie weiter jetzt das Leben Christi, was Christus für uns getan, was er uns auf unseren Lebensweg gegeben und wie er uns zu führen gewusst, was er alles von Gott, seinem Vater, gesprochen, der auch gleichzeitig unser Vater ist. Und dass wir ihm nur zu folgen haben, dass er nur das tut, so tut und hier uns so gibt, wie Gott es ihm gegeben, wie Gott es von ihm erwartet. Christus selbst hat uns viel Belehrendes

gegeben. Nur auch müssen wir die Worte Christi wirklich ernst nehmen. Wir müssen sie in uns herzlich aufnehmen. Wir müssen all das Gute, was er uns hier mit auf unseren Lebensweg gegeben, bejahen und müssen da dann auch zu diesem Wort, zu diesem einen einzigen Wort, „Ja" stehen."

„Ich lehre unsere Mitmenschen all das, was jeden Menschen durch die Lehre Christi, die wir Menschen in die Tat umzusetzen haben, zu Gott führt."

„Jesus Christus wusste, dass jede Krankheit durch Sünde kommt. Deshalb ermahnte er den Kranken nach der Heilung: „Sündige hinfort nicht mehr, dass dir nicht etwas Ärgeres widerfahre!"

„Wie Gott sich hier zeigte, indem Er durch den Körper Christi wirkte. Wie oft Christus auch gesagt hat: „Nicht ich, sondern dein Glaube hat dir geholfen!"

„Es wird Ihnen klar, dass das Erdenleben Christi nicht umsonst gewesen ist, denn Gott hat dieses, das Erdenleben für Christus deshalb bestimmt, weil es Gott nur so am ehesten möglich war, uns, das heißt, den Menschen durch die Lehre Christi auf den

Weg zu führen, den Gott für die gesamte Menschheit bestimmt hat. Und das ist und bleibt alleine der Weg, der diesen, der jeden, der jeden einzelnen Menschen wirklich zu Gott führt.
Aber zwei Herren, meine lieben Freunde, können Sie nicht dienen. Nicht auf der einen Seite dem Bösen und auf der anderen Seite Gott. Und zwischendrin sind Sie ein Heuchler, ein Lügner, ein Betrüger. Sie sind nicht einmal ehrlich zu sich selbst. Dieses alles, meine lieben Freude, müssen Sie ablegen.
All das, ich sage es noch einmal, all das, das Sie bisher in diesem Erdenleben als böse empfunden haben, müssen Sie ganz beiseite stellen. Sie müssen dem Bösen den Rücken kehren. Sie müssen den anderen Weg gehen. Und daher rufe ich Sie auf, zur großen Umkehr! Gehen Sie den Weg so, wie er Ihnen, von Gott, uns allen durch Christus bestimmt ist!"

„Meinen Sie, das ist meine Lehre, die ich hier kundtue, nein, das ist die Lehre Christi. Was ist Christus für uns? Warum schenkte Gott, Christus hier ein Erdenleben? Warum schenkte Er ihm da diesen einen, seinen ebenfalls so wunderbaren Körper? Und warum war Christus uns immer in allem ein

großes Vorbild? Was wollte Gott damit und was sollte Christus hier? Er hat uns soviel des Guten, des Göttlichen, so viel von Gott übermittelt! Was wir alles tun können, wenn wir nur glauben, wenn wir all das in uns aufnehmen, was Gott für uns bestimmt hat. Ja, meine lieben Freunde, dieses alles lehrte Christus uns. Er war uns und ist uns und wird uns immer ein großes, wie auch ein sehr gutes, das beste Vorbild sein."

"Wer sich heute nicht mehr beraten, nicht belehren lässt, wer heute nicht mehr den Rat Christi befolgt, wer heute nicht mehr das tut, wer heute nicht mal mehr den Gedanken aufnimmt, das zu tun, sondern nur daran glaubt, das müsste alles so kommen, so wie er es sich denkt und das wäre dann alles. Nein, das ist nichts! Was es ist, doch nur das Böse!"

"Wem nicht zu raten, dem ist auch nicht zu helfen! Und Christus selbst hat uns den guten, den besten, den einzigen Rat gegeben, den wir Menschen, den alle Menschen zu befolgen haben. Und so Sie jetzt richtig folgen und dass Sie nichts verlangen, sondern wirklich all das erlangen, was für Sie bestimmt ist, dann werden Sie viel Gutes an sich Selbst, viel

Gutes an Ihrem eigenen Körper, auch viel Gutes an dem Körper Ihres Nächsten erfahren! Glauben Sie nur!"

„Über Christus selbst hat man viel gesprochen. Man hat ihm viel Böses angetan. Er hat alles geduldig getragen. Für wen? Weil er feige war? Nein, für uns! Damit wir zur Erkenntnis kommen, damit wir ihn erkennen können, wie groß und mächtig Gott doch ist und wie gerecht und wie ungerecht die Menschen sind."

Weihnachten empfand Bruno Gröning als das heiligste Fest im Jahr. Er fragte: *„Was bedeutet für Sie dieses Fest? Was bedeutet für Sie die Geburt Christi? Warum schenkte Gott, Christus hier ein Erdenleben? Was wollte Gott damit und was sollte Christus hier?*
Heißt es nicht in dem Lied „Stille Nacht, heilige Nacht", dass Christus der Erlöser ist, Christ der Retter ist da! Ja, meine lieben Freunde, Sie singen es, aber Sie wissen es nicht, Sie glauben nicht dran, Sie haben das nicht beherzigt! Sie haben nie all das befolgt, was Christus uns durch seine Lehre hier für unser weiteres Erdenleben übergeben hat."

In Lourdes hat Bruno Gröning am Kreuzweg gesagt: *„Und jetzt habe ich alles noch einmal erlebt!"*

Jesus sprach: „Wenn man euch fragt: Woher seid ihr gekommen?" Antwortet: „Wir sind aus dem Licht gekommen, von dort wo das Licht durch sich selbst entstanden ist."

Vorträge von Bruno Gröning

„Ich bin kein Sprecher, ich bin kein Redner, ich bin weiter nichts, als nur das, dass ich dem Menschen das kund tue, von dem ich überzeugt bin."

„Ich will bei meinen Vorträgen nichts anderes erreichen als das, dass meine Mitmenschen erkennen, dass es zuallererst an Ihnen selbst liegt, in ihr Inneres Ordnung zu bringen. Fast alle Menschen müssen einsehen lernen, dass sie den göttlichen Kräften gegenüber blind geworden sind."

„Glaubten Sie, ich wäre hier, um Sie alle einzeln gesehen nur zu streicheln, Sie zu liebkosen, Sie zu umarmen? Ich glaube, es

ist besser, ich sage offen die Wahrheit, wie Menschen das Leben hier verlebt haben."

„Ich habe mich so oft wiederholt und immer wieder kann ich nur betonend sagen: Es ist notwendig, Freunde! Ich sage es jahrein, jahraus, solange ich hier sein darf, bis der Mensch es erfasst hat, bis der Mensch das befolgt, was er zu befolgen hat und bis er dem folgt, dem wir alle über kurz oder lang doch folgen müssen."

„Jeder hat es nötig die Gesetze Gottes zu erkennen und umzusetzen."

1949 sagte Bruno Gröning:
„Ich heile Sie im Namen Gottes!"
Später betonte er:
„Nicht ich heile, sondern es heilt, die göttliche Kraft durch mich."
Er wollte nie sagen, dass die Heilungen von ihm aus gingen, er sagte immer:
„Nicht ich heile, sondern es hilft, es heilt, die göttliche Kraft durch mich!"

„Ich werde ein Tonbandarchiv aufstellen, das den höchsten Wert, den Wert aller Menschen wieder neu einigt, dass auf diesen all das gesprochen ist, das auch später noch

in der Schrift festgehalten werden wird, das ich den Kommenden hinterlasse."

"Diese Lehre, die ich Ihnen heute bei meinem Hiersein mit auf dem Weg gegeben habe, soll nicht bei Ihnen alleine verbleiben. Es darf nie ein Geheimnis sein, sondern wir leben hier in der göttlichen Freiheit, so dass wir uns verpflichtet fühlen müssten, nicht nur an uns, sondern an all unsere Nächsten zu denken. Es wäre grundfalsch, wenn der eine so der andere diese große Lehre, die Lehre Gottes, nur für sich vereinnahmen wollte."

Vom Bösen lösen

"Der Mensch muss, um das wahre Göttliche zu erhalten, seelisch darauf vorbereitet sein. Wir erneuern die Kleidung, die Wäsche, alles, was der Mensch sich auf dieser Erde geschaffen, er erneuert es, er erfrischt es, er versucht, es immer wieder neu, sauber zu erhalten. Aber an sich Selbst, an seinen eigenen Körper, an sein Inneres hat er noch nicht gedacht. Das ist das Äußere, aber das Innere, ist meistens nebensächlich. Besser ist ja, wenn der Mensch sich von vornherein gleich sauber hält. Ich sage nach wie vor:

Wie sich jeder bettet, so schläft er. Das Äußere macht es nicht, das Innere ist es."

„Das anhaltende Gute überwindet das Böse."

„Was nützt es überhaupt, wenn ein Mensch nur Böses, nur Schlechtes in seinem Köpfchen hat? Denn von dieser Zentrale wirkt es sich auf den ganzen Körper aus. Die Fäulnis geht von da nun weiter, wenn er das festhält, wenn er sein Köpfchen voll belastet, mit schlechtem Zeug."

„Was nicht hineingehört, muss hinaus."

„Will der Mensch Gutes, so hilft ihm Gott. Will der Mensch Böses, erfährt er alle Unterstützung des Bösen."

„Machen Sie sich jetzt frei von all dem Schlechten und nehmen Sie das Gute auf, das hier die Heilwelle ist, nicht die menschliche, sondern die göttliche. Machen Sie sich frei von all dem Schlechten, und fühlen Sie, was in und an Ihrem Körper vorgeht. Es ist nicht meine Schuld, wenn Sie nicht empfangen, es ist nicht meine Schuld, wenn Sie nicht gesund werden, es liegt an jedem Menschen selbst."

„Wenn Sie glauben, dass Sie sich gereinigt, dass Sie das Schlechte abgeworfen haben, dann nehmen Sie das Gute auf. Das Gute geht nur da hinein, wo das Schlechte entfernt ist. Überlegen Sie, das was ich Ihnen gebe, sind praktische Beispiele, die Ihnen täglich vor Augen kommen, dann haben Sie alles. Wenn ein Bekleidungsstück schmutzig wird, muss es gereinigt werden, alles wird gereinigt, nur hat der Mensch nicht daran gedacht, sich selbst zu bereinigen.
An alles hat er gedacht, alle Achtung!"

„So Sie ihrem Nächsten böse sind, tragen Sie das Böse schon hier hinein. Darum bin ich keinem böse. Warum sind Sie ihm böse? Niemandem böse sein, Freunde! Böse sein heißt, dass Sie das Böse aufgenommen haben. Das ist schon teuflisch. Davon lassen Sie in Zukunft ab!"

„Der Mensch hat auf dieser Erde viel geschafft, nur an sich selbst hat er nicht gedacht. Das Äußere rein und sauber zur Ansicht, nur den Körper von außen, aber nicht von innen zu bereinigen. Dazu ist er noch nicht gekommen. Den Geist, den der Mensch hat, seinen Geist und sich von allem, was er sieht und hört, was schlecht

ist, frei zu machen, daran hat er noch nicht gedacht."

„Ganz ablassen müssen wir von dem Satanischen, wie es den Menschen bis heute schon mehr oder weniger in Fleisch und Blut übergegangen ist."

„Ich glaube, dass wir uns richtig verstanden haben und ich glaube, dass Sie jetzt das Gute für sich beherzigen werden, denn das will aufgenommen werden. Nur dann findet die Aufnahme statt, wenn Sie sich wirklich vom Bösen endgültig lossagen."

„Ich habe mit dem Bösen nichts gemein und ich werde auch nicht mit denen in einen Bund treten, werde mit dem auch keinen Pakt abschließen, im Gegenteil! Und daher rate ich all meinen Mitmenschen immer wieder an, sich von dem Bösen zu lösen, so dass Sie mit dem Bösen nichts mehr gemein haben. Dann ist gut!"

„Wie viele Menschen es doch so ab zu tun wissen, indem sie von sich aus behaupteten und heute noch behaupten, sie seien ein gläubiger Mensch, sie beten, sie seien ein Christ und sie haben immer geglaubt und sie haben zu Gott gebetet und Er hat sie

nicht erhört und sie sind von dem Übel nicht frei geworden. Nein Freunde, Sie müssen sich von dem Übel abwenden! Sie dürfen sich niemals mit dem, das Sie als Übel empfinden, abgeben. Und dürfen sich auch nicht mit dem Übel abfinden, indem Sie gleichgültig werden, wie viele doch gleichgültig geworden sind: „Da ist nichts mehr zu machen, da ist nicht mehr zu helfen. Ich werde so langsam dahinsiechen, es kann mir kein Mensch mehr helfen." Er sagt nicht von sich aus, dass Gott ihm helfen kann, ihm helfen wird. Wenn er den ersten Schritt zu Gott tut, damit wird ihm geholfen. Er (der Mensch) muss sich Gott nähern, er muss den Weg gehen, den Christus uns an und auch aufgezeigt hat. Wir müssen ihm folgen, der Mensch muss alles dazu tun. Tun heißt, zur Tat übergehen, sich nicht nur mit eigenen Worten trösten oder womöglich mit Worten ihrer Nächsten trösten lassen und sich nur in einen Glauben versetzen, dass Sie von sich aus sagen, dass Sie glauben, aber dieses Wort „Glauben" niemals in die Tat umsetzen."

„Aber Ursache jeder Krankheit ist immer das Böse, das der Mensch aufgenommen hat und wenn Sie diese Unordnung beseitigen, müssen Sie in sich Ordnung schaffen. Sie

müssen sich vom Bösen befreien, von jedem bösen Gedanken lossagen. Erst dann, können Sie das Gute empfangen und die Ordnung kommt wieder zustande. Es ist nicht leicht, sich von etwas zu befreien, was jahrelang den Körper belastet hat. Aber wenn Sie wollen und davon in Ihrem tiefsten Innern überzeugt sind, so kann dies augenblicklich geschehen. Ich betone jedoch nochmals. Die Reinigung muss gründlich sein! Ich will Ihnen das an einem Gleichnis erklären. Angenommen, Sie wollen klares, reines Wasser in ein Gefäß gießen. Soll dieses Wasser rein bleiben, so muss auch das Gefäß rein sein. War in diesem vorher Milch und befindet sich auch nur noch ein Tropfen drin, so wird das ganze klare Wasser trübe. Also muss man den früheren Inhalt zuerst ausgießen, dann das Gefäß gründlich waschen und mit einem sauberen Tuch austrocknen, damit auch nicht der geringste Geruch an die alte Flüssigkeit erinnert und so die neue, kostbare verunreinigt und verdirbt. Sehen Sie, so gründlich müssen Sie das Böse aus Geist und Körper verbannen. Dann erst kommt die göttliche Kraft voll zur Wirkung und kann Ordnung schaffen. Seien Sie also noch aufmerksamer und noch strenger mit sich selbst!"

"Sie können nichts empfangen, wenn ich Ihnen etwas in die Hand legen will und Sie haben die Hand voll und das, was Sie drin haben, ist schlecht. Wenn Sie das nicht abgeben, kann ich Ihnen das Gute nicht geben, dann fällt es auf den Boden und Sie haben es nicht erhalten. Es nützt auch nichts, wenn ich Ihnen dieses Geschenk, dass zu erhalten Sie gekommen sind, die Gesundheit, vermitteln will und Sie haben das Alte, das Schlechte, die Krankheit nicht abgelegt. Sie sollen rein werden, Sie sollen gut werden!"

"Ich ersuche Sie doch laufend, dass Sie jetzt baldmöglichst den guten Weg einschlagen, und dass Sie die Treue erst mal zu sich selbst halten, und dass Sie wirklich all das tun, was Sie sich selbst versprochen, und dass Sie auch an das glauben, was Sie für sich nötig haben, und dass Sie sich wirklich auch an das Versprechen halten, wenn Sie sich von dem Bösen lossagen, dass Sie sich mit dem Bösen, mit diesem Übel, nicht mehr vereinigen, sondern mit dem, was Sie wirklich zum Guten führt und was Ihnen auch gut tut. Damit Sie dieses Gute und die Güte Gottes in sich aufnehmen und dieses dann auch weitergeben können an ihren Nächsten. Jetzt müssen Sie allem Bösen aus

dem Wege gehen, Sie dürfen das Böse nicht mehr in sich aufnehmen, Sie müssen sich ein Fleckchen aussuchen, wo Sie die himmlische, die göttliche Ruhe wieder aufnehmen können, so dass dadurch dann die Ordnung in ihrem Körper zustande kommt. Sie müssen ihrem Körper Beachtung schenken, Sie dürfen sich nicht mehr mit dem Bösen verbinden, vorerst von dem lossagen, wie Sie sich auch losgesagt, indem Sie sagten: „Hier habe ich ein Kämmerlein, hier bleibe ich, hier stört mich keiner!" Und da nehmen Sie alles auf, und da nehmen Sie auch die Kraft auf, so dass hier die Störung aus dem Körper beseitigt wird."

„Das Böse wird sich zur Wehr setzen. Das Böse wird immer alles dazu tun, damit es nicht beseitigt wird und das Böse ist so hinterlistig und weiß sich überall ein- und anzuschleichen."

„Ihr wart ja alle nicht so rein und die meisten waren überhaupt nicht rein, sie waren nur unrein. Und ich habe sie von dem Unreinen so weit befreit, dass sie heute rein sein können. Gott gab's und Gott gibt's, dass der Mensch auch immer zur Reinheit stehen kann. Es fragt sich nur, ob der Mensch es will."

"Letzten Endes haben Sie auch in dem Glauben gelebt, es käme hier auf den Gröning an. Nein, es kommt auf Sie selbst an, es kommt auf jeden Einzelnen an, auf Sie, auf ihre Nächsten, gleich, wer es sein mag. Wie Sie zum Guten eingestellt, wie Sie bereit sind, das Gute in sich aufzunehmen. Und ob und inwieweit Sie fest zu ihrem Wort stehen, dass Sie sich selbst geben, indem Sie sich selbst sagen: „Ich will ab sofort mit dem Bösen nichts gemein haben. Und ich will und ich werde an das Gute glauben, alleine schon deshalb, weil ich es nötig habe und vor allen Dingen sehr nötig habe auch für meinen Körper." Also muss der Mensch sich an dieses sein gegebenes Wort halten. Er selbst ist so geschaffen, dass er die göttliche Sendung empfangen kann. Meine lieben Freunde, wenn Ihnen dieses alles nicht genügen sollte, dann nehmen Sie die Bibel zur Hand, nehmen Sie die Heilige Schrift. Studieren Sie sie nicht nur, dass Sie sie in ihrem Hirn aufnehmen, nein beherzigen Sie das Gute, beherzigen Sie das, was Sie daraus als gut schon empfinden. So Sie es bejahen, sind Sie schon auf dem rechten Weg."

"Willst du das Glück dir erringen, dann musst du das Böse bezwingen."

„Es stimmt, dass das Böse existiert."

„Zwei Herren können sie nicht dienen. Nicht auf der einen Seite dem Bösen und auf der anderen Seite Gott! Und dazwischen sind Sie ein Heuchler, ein Lügner, ein Betrüger, Sie sind nicht einmal ehrlich zu sich selbst. Dieses alles müssen Sie ablegen, all das, ich sage es noch einmal, all das, was Sie bisher in diesem Erdenleben als böse empfunden haben, müssen Sie ganz beiseite stellen. Sie müssen dem Bösen den Rücken kehren. Sie müssen den anderen Weg gehen. Und daher rufe ich Sie auf, zur großen Umkehr! Gehen Sie den Weg, so wie er Ihnen von Gott, uns allen durch Christus, bestimmt ist."

„Ganz ablassen müssen wir vom Satanischen, wie es dem Menschen bis heute schon mehr oder weniger in Fleisch und Blut übergegangen ist."

„Die Angst, der schlimmste Feind des Menschen."

„Und nun liebe Freunde, stehen Sie auch zu Ihrem Versprechen, was Sie sich selbst versprochen, sage ich noch einmal, das haben Sie Gott versprochen. Lösen Sie sich für alle Zeiten von dem Bösen, dass Sie mit

dem Bösen in aller Zukunft nichts mehr gemeines haben und zweifeln Sie das Gute nicht an. Nun haben Sie doch Selbstvertrauen! Glauben Sie doch! Wenn ich jetzt die Frage aufwerfen würde, wer fühlt sich jetzt nicht wohl? Es meldet sich keiner, wer fühlt sich nicht wohl? Demnach wie ich feststelle, fühlt sich jeder wohl! Nun bitte ich Sie, das Unwohl nicht mehr in sich aufzunehmen. Sie, liebe Freunde, sind so unwissend, Sie sind sogar blind, Sie sehen nicht. Sie sind auf das rein Irdische beschränkt. Sie sehen diesen, meinen Körper, Sie hören die Worte, die ich Ihnen übermittle, aber Sie können noch nicht glauben, dass wirklich der unter uns ist, zu dem wir gehören und der ermahnt Sie, jetzt zu Ihrem Wort, zu Ihrem Versprechen zu stehen. Er will aufgenommen werden in jedem Herzen. Er will Sie, er will jeden Menschen, jeden Leib, jeden Körper führen. Auch zu dem führen, der heute noch in einer Not, in einer Bedrängnis geraten, dem man nicht mehr helfen konnte, dass Sie jetzt helfen können."

„Wenden Sie sich ab von dem Bösen und wenden Sie sich voll dem Göttlichen zu!

Wollen Sie das Gute, nehmen Sie nur gute Gedanken auf und tun Sie auch das Gute!"

„Der Mensch soll sich fragen: Was geht in meinem Körper vor? So lange er an seiner Krankheit festhält, habe ich keine Berechtigung daranzugehen."

„Deswegen ist es die Grundbedingung, ihr Leiden mal einen Moment zu vergessen, dass abzuschütteln und zu sagen: Nein, ich bin nicht hergekommen, um das festzuhalten, sondern um es loszuwerden."

„Geben Sie mir ihre Krankheiten, geben Sie mir ihre Sorgen. Sie alleine werden nicht fertig damit. Mein Rücken ist breit, ich trage sie für Sie. Aber geben Sie sie mir freiwillig, stehlen tue ich nicht!"

Prüfungen

„Jedem werden Aufgaben gestellt, genau wie in der Schule. Wenn man die Prüfung für die Volksschule bestanden hat, kommt die höhere Ausbildung und auch da gibt es

wieder Prüfungen und Abschlussprüfungen. Diese werden von Menschen gestellt. Die Prüfungen des Lebens stellt uns kein Mensch, sondern Gott. Und je schwerer die Prüfungen ausfallen, je weiter ist man in der Schule des Lebens fortgeschritten, je weiter nähert man sich dem guten Ziel. Wohl dem, der aus jeder Aufgabe und Prüfung seine Lehre zieht und die Prüfung besteht und nicht wieder zurückfällt."

„Ich habe so oft in den Vorträgen, diese meine Lehre jedem kundgetan, dass ich nicht alleine geprüft werde, sondern jeder geprüft wird, ohne, dass er es weiß. Ich natürlich mit dem Unterschied, dass ich es weiß."

Wir haben eine Lebensaufgabe

„Er (der Mensch) weiß gar nichts von all dem, auch von dem nichts, was seine eigene Geburt, sein Hiersein, sein Erdenleben für ihn bedeutet, dass Gott ihm Bestimmtes mit auf den Weg gegeben hat, was er hier zu tun und zu lassen hat, was hierin seine Aufgabe

ist, die wichtigste Aufgabe, diese seine Lebensaufgabe ist."

Das Ziel: „Gott" Verbundenheit

„Es ist nichts Neues, was ich Euch lehre, sondern ihr Menschen von heute habt es nur vergessen."

„Ich habe Ihnen auch des Öfteren schon zu wissen gegeben, was mein eigentliches Ziel ist. Ich will jeden Menschen wieder zum Glauben zurückführen, denn jeder Mensch ist ein Wesen der Natur, jeder Mensch ist ein Kind Gottes. Wir Menschen haben nur einen Vater und das ist unser Herrgott. Und weil viele Menschen vom Glauben abgekommen sind, so will ich Sie wieder zum Glauben zurückführen. Ich will keinen Menschen mehr schlecht wissen. Einzelne wenige hat es gegeben und wird es auch wieder geben."

„Gibt es einen Grundsatz, nach dem man sein ganzes Leben richten kann? Ja – die Nächstenliebe!"

„Ich lehre unsere Mitmenschen all das, was jeden Menschen durch die Lehre Christi, die wir Menschen selbst in die Tat umzusetzen haben, zu Gott führt."

„Christus war uns und ist uns und wird uns immer ein großes wie auch sehr gutes, das beste Vorbild sein."

„Wer Gott verlässt, der ist verlassen. Wer Gott erhält, erhält sich selbst. Wo die Verbindung zu Gott nicht hält, der fällt."

„Freunde, nur nicht von Menschen abhängig sein, nur von Einem, wie es auch in Wirklichkeit ist. Wir alle sind von Gott abhängig."

„Gottverbundensein, das ist alles!"

„Nicht ich heile, sondern Es heilt. Es heilt die göttliche Kraft durch mich. Danken Sie nicht mir, danken Sie Gott, ich bin nur ein kleiner Diener, ein Werkzeug Gottes."

„Ich will Ihnen einen kleinen irdischen Vergleich geben. Wenn die Straßenbahn nicht in den Schienen verbleibt, ist sie ohne Führung, wenn der Bus, der drahtgebunden ist, von dieser Leitung abkommt, von der er

die Kraft, die Energien erhält und weiter vorwärts geführt wird, wenn er eine andere Straße fährt, wo er die obere Leitung nicht hat, dann ist er ohne Kraft, ohne Energie. Bergauf kann er ohne Kraft nicht fahren, wie jedes Fahrgestell, bergab immer. Wenn der Bus jetzt eine andere Straße einschlägt, wo dieser Kraftstrom, diese Energien nicht vorhanden sind, die Straße gerade bergab führt, wird der Wagen noch viel schneller rollen als da, wo dieser Strom ist, da kann er bremsen, da kann er ihn steuern, mehr oder weniger geben, wie er gerade braucht. Wenn nicht, da fährt er in den Abgrund, dort wird er zerschellen. Ohne diese Kraft kommt er den Berg nicht hinauf, da braucht er Hilfe. So ist es auch mit dem Menschen, wenn der Mensch nicht da bleibt, wo er die Führung hat, wo er die Kraft empfängt, dann wird er kraftlos sein, dann wird er in die Tiefe abrutschen und er muss wieder dahin geführt werden, wo die Verbindung ist, wo er die Energien wieder in sich aufnehmen kann."

„Ohne Führer ist keiner, er wird geführt. Es gibt zwei Führer, das heißt, einer der verführt und einer der führt."

„Diese Brücke habe ich jetzt wieder aufgebaut und wenn Sie diese Brücke benutzen, kommen Sie wieder auf den göttlichen Weg und bekommen damit die Verbindung zu Gott."

Der Mensch lebt nicht nur einmal

„Jeder Mensch bringt schon sein Schicksal mit auf die Welt."

„Die Erinnerungen an frühere Erdenleben sind dem Menschen nicht genommen worden, nein! Der Mensch hatte das in dem vorherigen Leben nicht so in sich gefestigt. Er hat nicht so fest daran geglaubt und er hat das wieder verloren. Es ist ihm nicht wieder in Erinnerung gekommen. Er hatte das nicht in seinen heutigen Körper hineintragen können, um dieses seinem Bewusstsein zu übergeben. Daher ist er unwissend geblieben. Daher sage ich, von nun ab wird es ernst, ihr müsst es nur richtig verstehen. Und so ihr das Gute jetzt beherzigt, werdet ihr es immer bei und auch in euch tragen. Und so wie der Wechsel des

Körpers vorkommt, werdet ihr das immer wieder mitbekommen und später in einem anderen Erdenleben, wenn ihr wieder mal auftaucht in einem noch sehr jungen Körper, werdet ihr so viel Gutes, Wahres von euch geben, dass jeder Mensch darüber sprechen wird und auch sagen wird: „Das ist ein Wunderkind!" Wohl verstanden! Der hat das mitbekommen, der hat es in dem vorherigen Leben in sich zu festigen gewusst und das ist das Wichtigste. Und deswegen soll es jetzt ernst werden, ihr sollt zur wirklichen Tat übergehen und sollt wirklich das tun, was ihr hier zu tun habt, sonst ist das vergeudete Zeit. Ihr könnt immer wieder zur Erde kommen, immer wieder einen anderen Körper haben und immer wieder wisst ihr von nichts, immer wieder müsst ihr von vorn anfangen."

Bruno Gröning über das Sterben

„Das Sterben eines Menschen heißt nicht, tot sein, der Mensch hat für ein Erdenleben diesen wundervollen Körper von Gott erhalten."

„Ist die Zeit für dieses Erdenleben beendet, so hat der Mensch die Pflicht, seinen Körper der Erde wieder zurückzugeben."

„Freilich, gegen den Tod stehe ich nicht. Ein Leben, welches ablaufen muss, kann ich nicht verlängern. Aber ich kann von der Qual befreien, wenn das Leben noch läuft. Ich füge mich in allem in das, was Gott will."

„Gönnen Sie ihm die Freude, freuen Sie sich mit ihm, dass er es jetzt schon so gut haben darf."

„Der Mensch, er kommt und vergeht, wie die Blumen, wie die Bäume, wie die Sträucher. Eines wird vom anderen abgelöst. Heute stehen Sie Posten auf dieser Erde. Von Zeit zu Zeit wird man abgelöst und so werden Sie auch abgelöst, ich auch."

„Ich selbst habe zwei Kinder verloren, ich weiß, wie es ist, ich selbst musste es auch dulden. Aber ich habe den Tag gewusst, auch die Stunde und musste dieses mit mir durchs Leben tragen. Dieses Wissen, dieses Tragen und dann noch nicht mal dabei verzagen. Aber wenn das so ist, meine Kinder sind nicht tot. Der Körper dieser

Kinder ist nur tot, die Seele lebt weiter. Es wäre eine Schuftigkeit überhaupt, diesen Ausdruck zu gebrauchen: „Dieses Kind ist tot." Nein, der Körper ist tot. Der Mensch, wie alle Lebewesen auf dieser Erde, läuft seinen Weg, geht sein Leben durch. Es ist Ihnen nicht unbekannt bei Tieren. In einem Jahr sind es Raupen, im anderen Jahr Schmetterlinge und viele andere Tiere verwandeln sich auch. So ist es auch beim Menschen. Ich bitte Sie, überhaupt keinen ihrer Angehörigen, für alle Zukunft, für ihr weiteres Leben, für tot zu sprechen, wenn der Körper tot ist. Dann vergäße man ja den Menschen, aber man spricht ja immer von ihm, also kann man nicht sagen, dass er tot ist. Wenn man ihn totsagt, muss man ihn vergessen."

„Alle Menschen müssen sterben, ich auch. Den Körper wird man in die Erde legen, aber ich werde nicht tot sein. Wer mich rufen wird, für den werde ich da sein, und ich helfe weiter. Aber dann wird jeder aus sich die Hilfe und Heilung erleben."

„Wenn ich nicht mehr als Mensch unter euch sein werde, mit meinem Körper, ich bin trotzdem unter euch."

„Wenn ich nicht mehr als Mensch auf dieser Erde sein werde, ist die Menschheit so weit, dass jeder die Hilfe und Heilung selbst erleben kann."

Die Ordnung (Gesundheit) ist Gott

„Die Ordnung ist Gott. Die Ordnung ist Gesundheit."

„Die Krankheit gehört nicht zum Menschen."

„Vertrauen zum Guten ist die Grundlage der göttlichen Ordnung."

„Ich gebe Ihnen zu wissen, wer eine Berechtigung auf Heilung hat. Eine Berechtigung hat der Mensch, der bereits den göttlichen Glauben in sich trägt und mit ihm gelebt hat. Eine Berechtigung hat ferner, wer den Glauben an unseren Herrgott, den Glauben an unseren himmlischen Vater verloren hat, aber jetzt wieder bereit ist, ihn in sich aufzunehmen und ebenfalls bereit ist, mit ihm zu leben."

„Ich ersuche Sie doch, dass Sie das Gute wieder annehmen. Ich rufe Sie zur Ordnung! Ich will, dass Sie ein gesundes, ein gutes Leben führen, so ein Leben führen, wie Gott es bestimmt hat, und dass Sie sich mit dem Unhold, mit dem Bösen nicht mehr abgeben, auch nicht abfinden mit ihm, ihn ja nicht mehr dulden, nein, ihn von sich weisen!"

Die Macht der Gedanken

„Alles ist Schwingung, jeder Gedanke ist Schwingung."

„Und überlegen Sie jedes Wort und jeden Satz, den Sie sprechen, und jeden Gedanken, den Sie aufnehmen, ob er es würdig ist, aufgenommen zu werden! Und überlegen Sie alles ganz genau, ob Sie auch richtig gehandelt haben!"

„Die Kraft der Gedanken ist unsichtbar wie der Same, aus dem ein riesiger Baum erwächst, sie ist aber der Ursprung für die sichtbaren Veränderungen im Leben des Menschen."

„Hüten Sie sich vor jedem bösen Gedanken. Lehnen Sie ihn ab und sprechen Sie meinet-

wegen vor sich hin: „Ich will mit diesem bösen Gedanken nichts zu tun haben, ich will jetzt einen guten Gedanken!" Dann lenken Sie sich selbst ab, schauen zum Fenster, schauen Sie dahin, wo das Gute, das wirklich Göttliche sich zeigt. Sie würden sagen, Sie schauen so mal in die Natur hinein. So Sie die Natur genau betrachten, werden Sie empfinden und Sie werden bald wahrnehmen, dass diese bösen Gedanken Sie verlassen haben. Mit diesem Schauen haben Sie schon die Verbindung zu Gott aufgenommen."

„Das wird schon wieder gut, glaube nur."

„Jeden bösen Gedanken, den ein Mensch aufnimmt, nicht bereut und von sich weist, muss er einmal in die Tat umsetzen. Darum ist es so wichtig, liebe Freunde, dass Sie ihre Gedanken kontrollieren und beherrschen. Ich habe jetzt immer vom Gedanken aufnehmen gesprochen. Sie werden sich vielleicht wundern, dass ich diesen Ausdruck gebrauche, aber es ist tatsächlich so. Die Gedanken, die jede Sekunde in Ihrem Köpfchen herumschwirren, die sind nicht von Ihnen, liebe Freunde, die nehmen Sie nur auf, wie das Radiogerät die Rundfunksendungen aufnimmt. Sie selbst können

nur bestimmen, ob Sie die guten oder bösen Gedanken, die gute oder böse Sendung empfangen sollen. Denn das, was Sie wollen, nehmen Sie auf und so sind auch ihre Gedanken."

„Der Mensch handelt nach seinem Willen. Wie der Wille, so der Gedanke. Der Gedanke bewegt den Menschen zur Tat!"

„Und ich wiederhole, liebe Freunde, jeden bösen Gedanken, den Sie aufnehmen und nicht wieder durch ehrliche Reue von sich weisen, den müssen Sie einmal in die Tat umsetzen, ob Sie dann wollen oder nicht."

„Hinter jedem Gedanken steht eine Kraft. Die Gedanken haben eine Energie, die stärker als Elektrizität ist. Ein positiver Gedanke baut auf, ein negativer Gedanke baut ab."

„Wir sind nicht ohnmächtig irgendeiner Schicksalsmacht ausgeliefert. Wir entscheiden selbst, wie unser Leben verläuft, je nachdem, welchen Gedanken wir uns öffnen."

„Der Mensch wird durch sich selber aufgebaut oder zerstört. Im Waffensaal des

Denkens schmiedet er die Waffen, mit denen er sich seinen eigenen Untergang bereitet. In gleicher Weise bildet er die Werkzeuge, mit denen er sich himmlische Wohnungen der Freude, der Kraft und des Friedens erbauen kann. Mit Gottes Macht ist wohl gedacht."

"Also Taten, mit Taten beweisen. Das heißt auch, ihren Glauben, den Glauben an Gott. Nicht mit Worten. Nicht, dass Sie sagen, Sie gehen jeden Tag zur Kirche und Sie beten zu Hause, auf der Arbeitsstätte oder gleich, wo Sie Zeit haben. Nein, das ist falsch. Dieses Bitten und dieses Beten setzen Sie noch mehr in die Tat um und machen Sie ihr Herz rein und frei, dass der Herrgott auch in diesem wohnen kann, dass er Sie führen kann. Setzen Sie diese Worte oder ihre Gedanken in die Tat um, dann sind Sie das eigentliche, wahre Kind Gottes."

"Die Krankheit kommt nicht von Gott, sondern entsteht durch falsche Gedankenmuster und Taten. Wenn die für die Krankheit verantwortlichen Gedanken- und Verhaltensmuster erkannt und verändert werden, wird der daraus entstandenen Belastung der Nährboden entzogen. Durch das Einstellen kann Gott uns die Ver-

haltensmuster aufzeigen, die der Veränderung bedürfen. Es wird jedoch nur derjenige die dauerhafte Heilung erleben, der nicht nur bereit ist, die notwendigen Veränderungen vorzunehmen, sondern das Erkannte auch tatsächlich konsequent in die Tat umsetzt."

„Wenn wir gesund werden wollen, ist es notwendig, dass wir uns die Heilung aus ganzem Herzen wünschen. Wenn wir uns aus falscher Bescheidenheit heraus noch nicht wert hielten, gesund zu werden, oder wenn wir noch in einem alten Sünderdenken verhaftet waren, kann Gott uns die Heilung nicht schenken, weil wir noch gar nicht willens waren, sie aus ganzem Herzen für uns zu akzeptieren.
Auch wenn wir eigentlich noch zufrieden waren, mit dem Zustand in dem wir uns befanden, wenn wir vielleicht noch die Zuwendung benötigten, die wir über die Krankheit erhielten, wenn wir noch nicht auf die „scheinbaren" Vorteile, die uns die Krankheit brachte, verzichten wollten, dann waren wir noch nicht bereit für die Heilung. Um gesund werden zu können, muss es unser stärkstes Bestreben sein, die krankmachenden Muster zu erkennen und zu überwinden.

Solange die alten Verhaltensmuster bei uns noch einen höheren Stellenwert haben, als die Gesundheit, solange wir noch nicht bereit sind, der Wahrheit und damit der Befreiung die Tür zu öffnen, solange wird sich an unserem körperlichen Zustand nichts zum Guten wenden können."

„Sie müssen ein Ziel haben. Ihr Ziel ist Ihre Gesundheit. Befassen Sie sich mit Krankheit und denken Sie daran, so haben Sie damit ein zweites, anderes Ziel. Diese beiden vertragen sich aber nicht. Das Gute und das Böse sind nicht mischbar! Denken Sie daher ausschließlich an ihre Gesundheit, ihr Ziel!"

„Deine Gedanken gestalten dir das Leben, wie du es lebst."

„Ein Mensch kann den anderen durch Gedanken beeinflussen."

„Um nur einen Gedanken aufzunehmen, braucht der Mensch Kraft, braucht er Energie und daher muss er erst recht dafür sorgen, dass er täglich neue Energien aufnimmt."

„Die einzigen wirklichen Feinde eines Menschen sind seine negativen Gedanken."
(Albert Einstein)

Das Gesetz von Ursache und Wirkung

„Was der Mensch sät, das wird er ernten."
„Ihre Werke folgen Ihnen nach."
„Die Toten wurden und werden gerichtet nach ihren Werken."
„Wer Unrecht sät, wird Mühsal ernten."
„Sät Gerechtigkeit und erntet Liebe."

„Aus deinen Worten wirst du gerechtfertigt werden und aus deinen Worten wirst du verdammt werden! Der Mensch, der die Macht des Wortes kennt, achtet sehr sorgfältig auf sein Sprechen. Er braucht nur die Wirkung seiner Worte zu beachten. Durch sein gesprochenes Wort macht der Mensch sich ständig Gesetze."

„Irgendeine Disharmonie im Äußeren beweist, dass eine geistige Disharmonie vorhanden ist. Wie das Innere, so das Äußere. Die einzigen Feinde des Menschen sind in ihm selbst."

Die Notwendigkeit der Kraftaufnahme

„Durch Hast und Ungeduld vergeuden Sie nur die guten Energien."

„Die Heilung muss uns so wichtig sein, dass wir bereit sind, die notwendigen Veränderungen vorzunehmen."

„Bewahren Sie die Ruhe in allen Lebenslagen und wenn Sie einmal glauben, es sehr eilig zu haben, seien Sie erst recht betont langsam und überlegend. Denn merken Sie sich eines:
„Die Ruhe sei dem Menschen heilig, nur die Narren haben's eilig."

„Die Ruhe ist das Gute, das Göttliche. Die Hast und Nervosität ist schon das Böse und führt zur Unordnung nicht nur in ihrer Umgebung, nein, auch in ihrem Körper. Durch die Hast und Unausgeglichenheit in ihrem Wesen entsteht im Körper eine Verkrampfung und jede öfter auftretende Verkrampfung, führt früher oder später zu einer Störung und Unordnung. Sie nennen dies Krankheit, ich sage Unordnung."

„Sie müssen mit soviel guter Kraft ausgestattet sein, dass das Böse in Ihnen, in ihrem Körper keinen Platz mehr findet und dass Sie immer wieder aufs Neue das Böse abstoßen können, so Sie einmal doch vom Bösen angegangen worden sind, in Zukunft auch angegangen werden."

„Wenn der Mensch wüsste, über wie viel Kräfte er verfügt und wie er die Kräfte, die göttliche Kraft für sich nutzen könnte, er würde von sich aus sagen: „Jetzt bin ich in der Lage, Bäume auszureißen, so eine Kraft besitze ich in meinem Körper."

„Und deswegen kann ich es nicht deutlich und laut und oft genug sagen, bis das ein und das andere in den Menschen eingedrungen, so dass er das alles, was er als gut empfindet, weiterhin in sich aufnimmt, dass er sich selbst immer Beachtung schenkt, und dass er immer das für seinen Körper aufnimmt, was Gott wirklich für ihn bestimmt hat. Denn das alles ist möglich, das ist Wahrheit! So und auch dafür hat Gott uns geschaffen, dafür schenkt Er uns hier ein Erdenleben."

„Ja, lieber Mitmensch, vergiss dich nicht. Nimm doch all das, was für dich, was für deinen Körper bestimmt ist."

„Immer da, wo die volle gute, göttliche Kraft auftritt, da schwindet das Böse."

„Gottes Kraft ist Macht."

Regelungen

„Es braucht alles seine Zeit, auch hier die Umwandlung in ihrem Körper, was Sie jahrelang als Krankheit gehabt haben. Menschen denken, es muss gleich verschwinden. Das ist gerade das Wesentliche, der Schmerz muss abgezogen werden, dass die Heilung vollzogen werden kann. Die Organe müssen durchbluten, um wieder Kraft zu bekommen, um wieder gesund zu werden."

„Der Regelschmerz verwirrt die Menschen oft. Regelschmerzen müssen sein, es ist kein Rückfall. Den Regelschmerz erdulden. Es passiert nichts Schlimmes, sondern nur, dass der Mensch gesund wird."

„Vor Regelungsschmerzen sollen Sie keine Angst haben. Im Gegenteil, freuen Sie sich darüber, denn wenn das neue Leben einzieht, wird alles wieder zurechtgebogen und das tut manchmal weh."

„Der Regelschmerz kann dem Menschen nicht erspart werden, da er zum Reinigungsprozess dazugehört und dabei wird auf dem geistigen Weg der Schmutz der Krankheit aus dem Körper entfernt."

„Wenn Sie nur glauben, dass Sie das Heil erfahren, dann ist Ihnen schon geholfen."

„Wo alles in Unordnung war, muss die Gesundheit sich auch diesen Weg erkämpfen und solange daran arbeiten, bis das kranke Organ wieder in Ordnung ist. Nichts fürchten, lassen Sie das über sich ergehen, es ist das Gute, das Göttliche."

„Manchmal ist die Umstellung so stark, dass der Mensch tatsächlich in eine Ohnmacht verfällt, das ist nicht einige Male, sondern hundert Mal der Fall gewesen, das artet auch so aus, dass das Herzchen stehenbleibt. Und dann setze ich es wieder neu in Bewegung und pumpe. Es hat nur einen falschen Takt, eine Verstopfung ge-

habt, deshalb habe ich keine Furcht, dass hier vielleicht jemand mit seinem Leben abschliesst."

"Neue Schmerzen können Sie auch zu Hause empfangen, ich nenne diese Schmerzen, den Regelungsschmerz."

Bruno Gröning und Weihnachten

Bruno Gröning sagte einmal zu dem Zeitzeugen Alfred Hosp und seiner Frau Lilo, die im Jahre 1956 sehr liebevoll einen Weihnachtsbaum geschmückt hatten:
"Dieser Baum war schon lange für euch bestimmt und ihr habt ihn mit sehr viel Liebe aufgeputzt. Ich habe erst wenige Christbäume gesehen, die so strahlen wie dieser. Alle Gegenstände haben, wie ihr schon wisst, eine Ausstrahlung und je liebevollere Gedanken beim Schmücken hinein gelegt werden, um so heller ist seine Strahlkraft, auch wenn noch keine Kerzen brennen."
Wir waren über seine Bemerkung sehr glücklich und baten ihn, er möge sich doch von unserem Christbaum ein Andenken

aussuchen. Gröning ging langsam um den Baum herum, nahm sich dann ein drei Zentimeter kleines Püppchen, das Lilo's Freundin selbst in Heimarbeit hergestellt hatte, und sagte:

"Meine Freunde möchten mir so vieles schenken, leider habe ich daheim für derlei Dinge keinen Platz mehr. Dieses Püppchen nehme ich jedoch gerne an, weil es von mir auf meinen Christbaum gehängt werden wird. Den Nachmittag des 24. Dezembers habe ich eigens dafür vorgesehen, unseren Baum aufzuputzen.
Das mache ich immer ganz alleine. Da darf niemand dabei sein, denn jedes von mir aufgehängte Stück, hat am Christbaum seine besondere Funktion. Es kommt an eine bestimmte Stelle, mit einer dementsprechenden Ladung. Am Ende ist der ganze Weihnachtsbaum eine schwingende Einheit und strahlt zu jeder Gemeinschaft und zu jedem Freund, das Licht der göttlichen Liebe und Erlösung. Erst, wenn mein Christbaum fertig ist und die Kerzenflammen brennen, beginnt für mich das heilige Fest der Geburt Christi."

"Es ist nun mal das heilige Fest, das Heiligste überhaupt, was wir haben können."

„Ich sage es nicht nur so hin, wie Sie es sonst zu sagen gewohnt sind, indem Sie sagen: „Das heilige Christfest" und damit fertig. Nein, wir müssen es auch zu heiligen, wir müssen es zu würdigen wissen. Und wir müssen uns auf dieses Fest vorbereiten. Wir müssen uns von allem Bösen lösen und wir müssen wirklich alles Gute erst mal für uns tun, jeder für sich, damit er diese guten Erfahrungen sammelt, an sich sammelt und auch in sich sammelt. Die Geburt Christi werden Sie nicht früher verstehen und werden auch für diese nicht früher das Verständnis aufbringen, bis Sie diese Erkenntnis in sich aufgenommen, dass Sie wissen, was für Sie diese ihre eigene Geburt, ihr eigenes Erdenleben bedeutet. Ich sage es noch einmal ganz deutlich, bis Sie zur Selbsterkenntnis gelangt sind und dass Sie von sich selbst nicht was, sondern das wissen, was Sie in Wirklichkeit, in Wahrheit sind. Dann werden auch Sie sich wirklich auf das heilige Fest, auf den wirklichen Erlöser vorbereiten, so dass Sie es bis zu diesem Tag auch würdig sind, das heilige Sakrament, alles Gute, das Gott für Sie bestimmt hat, zu empfangen."

„Gott" - hörig werden

„Ich bin nicht Menschen hörig, sondern nur Gott hörig. Ich kenne die weltlichen Gesetze und befolge nur die göttlichen."

„Er (der Mensch) muss Gott hörig werden, er muss in die göttliche Führung kommen, ohne diese gibt es kein Leben."

„Nur müssen wir das wahre GÖTTLICHE wirklich in uns aufnehmen, wir müssen es beherzigen, und wir müssen immer zu Gott stehen, zu dem wir zu stehen haben. Nicht, dass Sie womöglich in den Glauben verfallen, Gott wäre von uns abhängig, nein. Wir sind von Gott abhängig! Es ist überhaupt kein Leben ohne Gott, kein Leben ohne den göttlichen Segen. Und diesen Segen zu empfangen, da muss der Mensch Vorbereitungen von sich aus treffen, er muss es würdig sein, erst einmal den Weg zu gehen, der zu Gott führt. Und zum anderen muss er auch auf diesem Weg bleiben, um hier auch den Segen Gottes empfangen zu können."

„Wann hört die Not und das Elend einmal auf? Wann wird das Krankheitsheer verringert? So, liebe Freunde, wie der Mensch

es gewohnt ist, nicht. Er muss umkehren, er muss wirklich das werden und auch das tun, wozu Gott ihn bestimmt hat, nichts anderes, er muss Gott hörig werden. Er muss in die göttliche Führung kommen, ohne diese gibt es kein Leben."

„*Selbstvertrauen ist Gottvertrauen.*"

„*Freunde, nur nicht von Menschen abhängig sein, nur von Einem. Wir alle sind von Gott abhängig.*"

Bruno Gröning und sein Foto

„*Es ist nicht nur so, dass es ein Bild von mir ist, sondern dieses Foto erfüllt Ihnen noch einen ganz, ganz großen Zweck und zwar, wenn Sie das Bild nur in die Hand nehmen, so werden Sie verspüren, was für eine Kraft aus diesem Bild herausströmt, die Ihnen dann ebenfalls durch den ganzen Körper geht.*"

Bruno Gröning und die Tiere

„Ich würde es nicht wagen, Sie werden nie von einem Menschen hören, dass ich einem Tier weh getan habe. Was weiß der Mensch, was für eine Seele drin ist! Haben Sie dem Tier das Leben gegeben? Nein! Folglich haben Sie nicht das Recht, ihm das Leben zu nehmen!"

„Das Tier steht heute weit über dem Menschen. Warum? Weil es seinen tierischen Instinkt behalten hat. Es gibt auch Tiere, wie Haustiere, die tatsächlich vom Menschen verzogen sind, sie werden auch langsam Menschen und befolgen, was der Mensch von ihnen verlangt. Ein Tier muss Tier bleiben! Ein Tier wird niemals Gefahr laufen, wenn es nicht von seinem Herrn verhindert wird. Wenn z. B. ein Hund allein über die Straße läuft, wird er nie unter ein Fahrzeug geraten, wenn sein Herr ihn laufen lässt. Wird er aber zurückgerufen, so wird er irre, wird überfahren, was nie geschehen wäre, wenn sein Herr ihn nicht gerufen hätte. Vom Tier kann der Mensch noch lernen."

„Die Pflanzen und Tiere nehmen die natürlichen göttlichen Kräfte in sich auf,

soweit sie durch den Menschen nicht von der Natur entfernt werden."

"Tiere sind viel leichter zu behandeln, als Menschen, weil sie keinen Verstand haben, der hin und her denkt."

Es liegt an jedem selbst

"Was der Mensch sät, wird er ernten. Nun, wenn Sie eine böse Saat gesät, Sie haben Böses in sich aufgenommenen, das was Sie in sich aufgenommen haben, geben Sie weiter, kommt es auf Sie wieder zurück. Wer diese Erfahrung noch nicht gemacht hat, na ja, der ist nahe dran."

"Wer durch die Schrottmühle gehen will, wer die Not, das Elend noch nicht kennt, der müsste es erst kennenlernen. Aber ich glaube, Sie haben einen Teil von diesem gekostet und ich glaube auch sagen zu können, Sie wollen mit diesem Übel nichts gemein haben. Aber nun stehen Sie auch dazu! Wer heute noch nicht genug gelernt hat, da das Übel noch nicht so viel Schrecken über ihn gebracht, der beuge sich dem, der füge sich dem Übel und der ziehe

eine weitere Lehre und gehe dem nach, um erst noch mehr zu lernen, bis er mehr von dem Übel erfasst ist, bis er angelangt ist, wo viele es auch waren."

"Wer standfest ist, wer den wahren göttlichen Glauben in sich festhalten kann, siegt."

"Wenn Sie schwach werden im Glauben, will ich auch das noch für Sie tun und für Sie glauben."

"Wenn Sie nur glauben, dass Sie das Heil erfahren, dann ist Ihnen schon geholfen. Glauben Sie nur!"

Die Seele

"Die Seele ist das Leben, Gott!"

"Selig, das heißt. Die Seele ist frei von allem Bösen."

"Die Seele ist das rein Göttliche im Menschen, wie in jedem Lebewesen."

„Seelisch aufbauen heißt, der Mensch empfängt wieder über die Seele, die Gott ihm in seinem Körper gegeben hat, über die er die göttliche Sendung empfangen kann."

„Die Seele ist einer wundervollen, schönen Blüte in der Größe einer geöffneten Handfläche vergleichbar. Wenn ein Mensch, das Gute will, dann öffnet sich seine Seele."

„Das seelische Leid ist das schwerste Leid. Wer sich selbst aufgibt, dem kann Gott und dem kann auch ich nicht mehr helfen."

„Christus ist die unsterbliche Seele im Menschen."

Zur Wahrheit stehen

„Wo die Wahrheit ist, da ist Gott."

„Dazu wollte ich Sie auch bewegen, dass Sie einmal die Wahrheit annehmen, und dass Sie einmal zur Wahrheit stehen."

„Ehrlich sein, die Wahrheit sagen."

„Was ich Ihnen sage, ist weiter nichts, als die Wahrheit."

„Wie notwendig es ist, dass man Ihnen immer wieder nur die Wahrheit sagt, nur das sagt, was Sie an Wahrheit auch selbst erfahren können. Nur müssen Sie dazu übergehen, sich davon zu überzeugen."

„Wenn Sie auch nur ein Wort weglassen, oder ein Wort dazutun, dann ist es nicht mehr meine Lehre, dann ist sie verfälscht."

Der freie Wille

„Der Mensch handelt nach seinem Willen. Wie der Wille, so der Gedanke. Der Gedanke bewegt den Menschen zur Tat."

„Diesen Willen hat Gott Ihnen belassen, einen freien Willen. Sie können selbst entscheiden., aber haben Sie jetzt den Willen! So dieser ihr Wille gleich gut abgestimmt ist mit dem göttlichen, mit dem Willen Gottes, dann sind Sie schon auf dem richtigen Weg."

"Der Mensch bestimmt seinen Weg selbst, durch den freien Willen."

"Ich darf einem Menschen helfen, den Weg zum Guten zu finden, aber ich darf ihm die Entscheidung darüber weder abnehmen, noch ihn etwa zum Guten zwingen. Es muss jeder seinen Weg selber finden."

Die große Umkehr

"Warum folgen Sie nicht dem, dem Sie zu folgen haben? Ich folge, folgen Sie auch."

"Ich hole den Menschen nur aus der Hölle und entführe ihn in das Göttliche, in das Paradies. Nur muss er das zu nutzen wissen."

"Gott gibt Ihnen einen seinen Segen, darum werde ich bitten, dafür will ich beten, dafür werde ich das tun, was hier nicht nur meine Pflicht und Schuldigkeit ist, sondern was hier mein Erdenleben, mein Hiersein bedeutet. Ich bin mir meines Hierseins, meines Erdenlebens bewusst, wovon viele, die meisten Menschen, nichts wissen."

Es gibt kein Unheilbar

„Der größte Arzt aller Menschen, ist und bleibt unser Herrgott."

„Es ist kein Zauber, sondern es ist ganz natürlich, so hat Gott es bestimmt."

„Alle Krankheiten sind heilbar, nur nicht alle Menschen." (Paracelsus)

*„*Zweifeln Sie nie das Gute an, denn wer das Gute *anzweifelt, zweifelt sich selbst an und kann das Gute nicht erleben."*

In der Ruhe liegt die Kraft

„Alle Geräusche auf dieser Erde, die empfangen Sie und Sie leben in einer Zeit, in der Sie aus diesen nicht mehr herauskommen. Wie schön ist es doch, wenn Sie einmal zur Erholung in Gottes freie Natur gehen. Dann spannen Sie aus. Wenn Sie dann wieder in den Lärm hinein kommen, beginnt das Leiden wieder. Ruhe müssen Sie sich auch hier gönnen, indem Sie in sich hinein horchen."

„Ich bewahre auch weiterhin die himmlische Ruhe, die himmlische Geduld. Aber auch das möchte ich von jedem Freund, dass er sie nicht verliert. Aber erst muss er sie in sich aufnehmen."

Weitere Zitate von Bruno Gröning

Der Gottesdienst, sagte Bruno Gröning, beginnt damit, indem wir unserem Körper Beachtung schenken, indem wir unseren Nächsten helfen.

„Mein Wirken soll einzig und allein dazu dienen, alle Menschen dieser Erde wieder auf den rechten Weg zurückzuführen, auf den Weg zu Gott."

„Die Erde schwebt im Weltall, sie wird von der Liebe Gottes getragen. So wie der Mensch, der Gott vertraut, von der göttlichen Kraft gestützt wird."

„Daher mache ich alle meine Zuhörer auf die in uns wohnenden natürlichen Kräfte aufmerksam."

„Ich weiß genau, dass Menschen mich noch nicht erkannt, ich weiß aber auch genau, dass jeder sich selbst noch nicht erkannt, ich weiß, dass Menschen kaum noch etwas von dem Göttlichen oder wenig von Gott selbst wissen. Ich weiß, dass Sie sich selbst noch nicht so weit dahin bewegt haben und auch bewegen konnten, sich selbst so wie den eigenen Körper zu erkennen. Das Sie sich wieder zurückbesinnen sollen auf das, was Sie in Wahrheit sind. Mensch! Mensch erkenne dich selbst! Menschen beherrschen andere Körper, aber ein Mensch, der noch nicht in der Lage ist, seinen eigenen Körper in der Gewalt zu halten, um ihn recht und richtig zu führen, wird niemals dazu im Stande sein, einen seiner Nächsten zu führen. Wo erkennen wir das Göttliche? Nur in uns Selbst. Ich weiß aber, wenn Menschen wissen würden, was für einen Körper sie von Gott für das Erdenleben erhalten haben, dann würden sie sich ganz zu Gott und seinen Werken bekennen."

„Meine Absicht liegt darin, nicht nur eine Heilstätte hier in Deutschland einzurichten, sondern nach Möglichkeit in jeder Stadt. Ich schaffe alles und ich werde nicht mal in Deutschland sein und heile in Deutschland auch, indem ich ja nur einen Beauftragten

habe, der vollzieht die Heilung in meinem Namen. Ich werde Erdflächen ansprechen, wer sich darauf befindet, wie hier der Garten, geschieht das auch. Ich werde Stühle und so manches ansprechen.
Ich weiß, wie viel ich übernehmen kann. Ich kann meinetwegen heute in Amerika sein und kann in sämtlichen Ländern Stellen einrichten. Ich frage nicht nach Religion, nicht nach der Nation. Ich frage nach dem Menschen. Ich muss die ganze Welt durchgehen, ich muss überall die Aufklärung geben. Ich muss vorwiegend dem Volk helfen, wo von ärztlicher Seite nicht mehr zu helfen ist."

„So Sie heute noch nicht glauben können, so will ich es für Sie tun, bis Sie wirklich glauben können. Und so Sie heute noch nicht bitten, noch nicht beten können, so will ich das auch noch für Sie tun."

„Zählen Sie mir ja nicht ihre Leiden auf."

„Die Krankheit kommt nicht von Gott."

„Fort mit Kunstdünger, fort mit künstlichen Medikamenten! Denn, wer war der erste Arzt und was war die erste Medizin, die Natur!"

„Ich glaube nicht an den Menschen, sondern für den Menschen."

„Es ist immer so, dass Menschen, die hierfür kein Verständnis aufbringen können, weil sie ja weitab vom göttlichen Glauben stehen, nichts unversucht lassen, Menschen vom Glauben abzureißen. Diese Menschen tragen allein die Schuld, wenn der eine oder andere der vielen Tausend, die schon gesund geworden sind, wieder abgerissen wird, indem er den schlechten Worten, die aus diesen Satansmenschen kommen, wieder verfallen ist. Wer aber den Herrgott in seinem Herzen festhält und mit Ihm lebt, wird niemals wieder krank werden. Er wird die Gesundung in sich so aufnehmen wie hier eine Frau, diese Frau, die eben diese Worte brauchte. Gestört werden kann nur ein Mensch, wenn er die Regelung nicht überwindet und sich von diesen teuflischen Menschen irreführen lässt, das heißt, dass er diesen Menschen verfällt, indem er ihnen Glauben schenkt und mir das größte Misstrauen entgegenbringt. Da sage ich: Der Mensch ist es dann nicht wert, dass ihm geholfen wird. Wer aber von dem Glauben an unseren Herrgott nicht nachlässt und mir das größte Vertrauen entgegen bringt, wird seiner Gesundung entgegen gehen."

„Einige sind entlastet. Ihr Herzchen ist nicht mehr so beladen, deshalb, weil sie das Sicherheitsgefühl haben, weil sie über das Wissen verfügen. Es kann so leicht nichts passieren, wenn ich nur das Rechte für mich selbst, für meinen Körper tue. Ich brauche mich vor dem Bösen nicht mehr zu fürchten, ich weiß, dass ich den Kampf gegen das Böse zu führen habe. Und ich weiß, dass ich selbst es bin, der das Böse nicht mehr in seinen Körper aufzunehmen hat. Ich weiß, dass ich Kraft aufnehmen muss, das heißt, die Verbindung zu Gott beibehalten, da Gott alleine dieser große Kraftspender ist, und dass ich diese seine Kraft in mich aufnehme und ich werde mein Augenmerk darauf lenken, so ich fühle, dass das Böse mich angeht, schon, wenn ich von dem Bösen umgeben bin, wo das Böse doch überall lauert, so werde ich von dieser guten Kraft Gebrauch machen und das Böse von mir abwenden. Und sollte doch mein Körper erfasst sein, so weiß ich genau, gleich von vornherein, was ich zu tun und zu lassen habe, diese Kraft walten zu lassen, gegen das Böse. Und das Böse wird dann meinem Körper nichts antun können. Jeder Mensch hat den göttlichen Schutz. Nur müsste er es wissen, nur müsste er von diesem, vom göttlichen Schutz, Gebrauch machen. Und

das ist das, was die meisten Menschen leider, leider nicht getan hatten, das alles hatten sie nicht gewusst."

„Das Gute wirkt sich genauso aus wie das Ungute und da kann man nur warnen, sich nicht mit unguten Dingen zu befassen. Wenn zum Beispiel in der Familie oder im engeren Bekanntenkreis Streit und Hader und weiß der Kuckuck was ist, dann sollen wir so stark sein, dass wir sagen, das ist nicht unser Problem, das sollen sich die anderen untereinander austragen. Was zum Beispiel bei verwandtschaftlichen Bindungen nicht leicht ist. Oder wenn es heißt, wenn die Mutter sagt, mein Gott ich liebe meine Kinder, ich möchte ihnen nur helfen. So dürfen wir nicht vergessen, dass schon in der Bibel steht, die Kinder werden die Eltern verlassen und werden eigene Wege gehen. Das ist nun einmal so und wenn man das annimmt und sagt: „Gut ich erkenne es und ich lasse los, dann kommt die Heilung."

„Nichts verlangen, sondern erlangen! Der eine früher, der andere später."

„Die Angst ist der schlimmste Feind des Menschen und ein Mensch, der Angst hat, handelt immer falsch."

„Mein Lohn ist deine Gesundheit."

„Der Mensch soll nicht feige sein."

„Wohl dem, der den Weg zu Fuß zurücklegen kann, nicht? Aber da ist der Mensch zu bequem. Stundenlang könnten Sie tippeln. Aber warum? Ich habe ja eine Rückfahrkarte, ich kann ja fahren. Glauben Sie, das Gehen tut Ihnen nicht gut? Gehen Sie zehn oder zwölf Stunden zu Fuß. Tut Ihnen sehr gut! Aber da sammelt sich die Kraft, diese Bewegung brauchen Sie, würde ich Ihnen überhaupt empfehlen."

„Ich bin kein studierter Mensch, ich bin weder belesen, noch habe ich eine menschliche Lehre angenommen, nein. Ich bin meine eigenen Wege gegangen und werde sie auch weiter zu gehen wissen. Ich nehme keine menschliche Lehre an."

„Ich fühle mich verpflichtet den Menschen aufzuklären."

„Ich dränge niemandem was auf, ich stelle jedem Menschen alles frei und rate ihm nur immer wieder an, sich von allem zu überzeugen."

„Seien Sie bitte, bitte nicht leichtgläubig!"

Bruno Gröning lehnte jede Art von Personenkult konsequent ab.

„Ich habe nicht die Absicht gehabt mich emporzuheben, nein, ich wurde erst von kranken Menschen herausgehoben."

„Sie brauchen das nicht zu glauben, was ich sage. Eine Pflicht, die Sie haben, sich selbst von dem zu überzeugen!"

„Ich habe mich so oft wiederholt und immer wieder kann ich nur betonend sagen: Es ist notwendig, Freunde! Ich sage es jahrein, jahraus, solange ich hier sein darf, bis der Mensch es erfasst hat, bis der Mensch das befolgt, was er zu befolgen hat und bis er dem folgt, dem wir alle über kurz oder lang doch folgen müssen."

„Das Wunderbarste, die größte Stärkung und das Schönste und Größte, was man einem Menschen schenken kann, ist das Vertrauen, ist der Glaube. Kein irdisches Gut steht höher. Das ist das Höchste, dass der Mensch einem seiner Nächsten ein Versprechen gibt, und dass er glaubt, dass er dieses Selbstvertrauen und den Glauben,

das Vertrauen in seine Nächsten, auch in die Tat umsetzen wird."

„Auch muss ich Ihnen zu wissen geben, dass Sie, wenn Sie mich um Hilfe für einen Kranken bitten, mir nicht den Namen, nicht die Wohnung, auch nicht die Krankheit zu sagen brauchen. Ich weiß, dass mich die Eingebung so weit bringt, dass ich zu allem in der Lage bin, Menschen zu helfen und Menschen zu heilen."

„Ausstrahlungen der skeptischen Umgebung können Rückfälle verursachen. Der Mensch kann seinen Willen dagegensetzen."

„Ich bin kein Redner, ich bin nur ein Wahrsager, ich sage nur das, was wahr ist, was ich schon lange, überhaupt immer als Wahrheit erkannt habe, denn die Wahrheit, von der er sich selbst zu überzeugen hat, ist nicht nur um den Menschen, sondern auch in dem Menschen."

„Wenn ein Mensch an sein Leiden denkt, wenn ein Mensch an seine Schmerzen denkt, kann ich sie nicht abnehmen."

„Irgendeine Disharmonie im Äußeren beweist, dass eine geistige Disharmonie vor-

handen ist. Wie das Innere, so das Äußere. Die einzigen Feinde des Menschen sind in ihm Selbst."

„Ich bitte Sie von ganzem Herzen, beobachten Sie ihren Körper, stellen Sie sich die Frage: Was geht in meinem Körper vor? Denken Sie dabei nicht an ihr Leiden. Sie haben das Recht, sich davon zu überzeugen, wie der Herrgott seine Kraft durch mich auf Sie einwirken lässt, indem Er Ihnen allen die Gesundheit wiedergeben will. Sie werden spüren, dass sich vieles in und an ihrem Körper bemerkbar macht. Beobachten Sie nur ihren Körper und es geschieht schon das, was geschehen soll."

„Nun frage ich Sie, was ist denn ihr Körper, wer hat Ihnen diesen geschenkt? Haben Sie den nur so ohne weiteres bekommen? Ist er von ihrem irdischen Vater, von ihrer irdischen Mutter? Dieser ihr Körper, ist ein göttliches Geschenk!"

„Jeder Mensch müsste wissen, was ihm sein Körper wert ist, zumal er diesen seinen Körper benötigt, um nicht nur sein Leben zu fristen, sondern er hat ja auch schon Pflichten, Aufgaben übernommen, um für

seine Nächsten zu sorgen und gerade da braucht er ihn."

"Wer sich selbst in Vergessenheit bringt, das heißt, wer seinen Körper in Vergessenheit bringt, der hat Gott vergessen, der trägt Gott ja nicht mehr im Herzen, der kann einfach nicht mehr glauben."

"Ich will jeden Menschen wieder zum Glauben zurückführen, denn jeder Mensch ist ein Wesen der Natur, jeder Mensch ist ein Kind Gottes. Wir Menschen haben nur einen Vater und das ist unser Herrgott. Und weil viele Menschen vom Glauben abgekommen sind, so will ich Sie wieder zum Glauben zurückführen."

"Nicht nur heute und morgen, nein, Ihr ganzes Leben lang, sollen Sie den Glauben an unseren Herrgott stärken und mit ihm leben."

"So der Mensch sich selbst ein Versprechen gibt, hat er Gott ein Versprechen gegeben. Zu diesem Versprechen muss er Zeit seines Lebens stehen. Aber nur bei dem geringsten Zweifel fällt er wieder ab und er muss immer wieder von vorne beginnen."

„Ich weiß nicht viel! Ich weiß nur das, was Menschen heute nicht mehr wissen, mehr weiß ich nicht."

„Nun, meine lieben Freunde und so greift es doch weiter um sich."

„Ich bin in der Lage, Ihnen heute schon zu sagen, was morgen und übermorgen geschieht"

„Es gibt vieles, das nicht erklärt werden, aber nichts, was nicht geschehen kann! Gott ist kein Ding unmöglich!"

„Gröning, stelle ich Ihnen noch einmal vor, so heißt dieser, mein Körper, den ich für dieses Erdenleben erhalten habe, der auch mir zum Wohle aller Menschen verliehen worden ist. Weiter nichts."

„Jetzt muss ich nicht betonend sagen, dass ich mich jetzt verpflichtet fühle, jedem Einzelnen zu sagen, wer ich bin. Ich bin nicht Gröning, sondern Gröning heißt nur mein Körper. Der Körper ist irdisch, wie auch der Name, der diesem irdischen Körper von Menschen übergeben bzw. den dieser Körper übernommen hat. Soweit ich mich mit diesem, meinem Körper auf dieser

Erde bewege, werden Sie mich auch als ihren Mitmenschen ansehen."

„Ich kenne das Leben, das Leben aller Menschen."

„Ich will nicht von einem einzigen meiner Mitmenschen verherrlicht werden. Ich bin nicht Gott, sondern nur göttlich, wie jeder meiner Mitmenschen!"

„Ich will helfen und heilen. Ich selbst tue nichts, aber ich weiß, dass mir die Kräfte zufließen, und dass ich diese auswerten kann, um Menschen zu heilen."

„Sie können nicht so leben, ohne am göttlichen Werk angeschlossen zu sein. Denn versuchen Sie bitte irgendein anderes Lebewesen, sei es auch ein Baum oder ein Strauch, der Natur zu entziehen, dass es im Zimmer wachsen, blühen und gedeihen soll. Das ist unmöglich. Sie sind angewiesen, als Lebewesen dieser Erde auf das Göttliche, um überhaupt existieren zu können. Sie sind ein Wesen der Natur!"

„Der Mensch ist ein Geschöpf der Liebe. Was in der Liebe geschaffen, kann nur in der

Liebe leben. LIEBE IST GOTT! Was du liebst, musst du dir erhalten."

"Wer den Weg gefunden hat und glaubt und wer sich verpflichtet fühlt, diesem Glauben genau zu folgen, wird Hilfe erhalten.
Ich habe jedem Menschen, immer und immer wieder gesagt: "Wer den Weg zu mir gefunden hat, muss die Angst und vor allem das Geld zu Hause lassen."

"Der Sender sendet laufend weiter und deswegen ist es nicht nötig, dass der Sender zum Empfänger kommt oder umgekehrt. Jeder bleibt dort, wo er ist, er braucht sich nur auf den Sender einzustellen. Und weil er das nicht wusste, müssen wir vorerst Gemeinschaftsempfang machen. Ich kann derweil ruhig aus Deutschland herausgehen, ich kann sonst wo im Ausland sein, ich sende Ihnen schon die Heilwelle, gleich wo Sie sich befinden. Sie brauchen sich nur einzuschalten."

"Nichts verlangen, sondern erlangen."

"Ich beeinflusse keinen! Ich dränge niemandem etwas auf, ich stelle jedem Menschen alles frei und rate ihm immer wieder an, sich erst von allem zu überzeugen.

Überzeugen, sage ich wieder einmal, ich kann es nicht oft genug sagen, wenn der Mensch von sich selbst überzeugt ist, überzeugen beginnt bei ihm Selbst, das ist der Anfang."

„Es gibt vieles was nicht erklärt werden, aber nichts was nicht geschehen kann."

„Ich weiß nicht viel, ich weiß nur das, was die Menschen nicht mehr wussten."

„Es ist kein Wunder, wie Sie glauben, sondern es sind geistige Gesetze, nach denen ich lebe und die ich anwende. Nicht ich heile, sondern: Es hilft, es heilt, die göttliche Kraft."

„Das Leben ist immer voller Hoffnung, solange wir uns selbst nicht aufgeben."

„Es ist die Tatsache, das materielle Forderungen und ein daraus entstehendes Verlangen, von vorne herein zum Scheitern verurteilt sind."

„Es ist für die Menschen sehr schwer, das Richtige vom Falschen zu unterscheiden. Sie alle haben eine Bildung, bei den meisten jedoch, ist es eine Einbildung."

„Wenn Sie jemanden von der geistigen Wahrheit überzeugen wollen, dann müssen Sie zunächst ihre eigene erlangte Überzeugung wortlos in die Tat umsetzen. Erst wenn dem anderen ihr gewandeltes Verhalten auffällt und er nach dem Grund des plötzlich verständnisvollen Reagieren fragt, dürfen Sie ihm schonend von der großen Umkehr berichten."

„Ein geheilter Körper, ist ein von Gott gesegneter Mensch."

„Es liegt hier immer an dem Menschen. Wie ich gesagt habe, wer es wert ist, dass ihm geholfen wird. Es geht hier nicht um Geld, es geht um den Glauben."

„Schmerzen können immer weg sein, so soll es sein, das heißt, es kommt immer darauf an, wie der Mensch empfängt. Aber dann kommen Sie mal mit einem schlechten Menschen zusammen und es kommt wieder. Haben Sie Umgang mit guten Menschen, dann bleibt es weg. Lassen Sie sich nicht von satanischen Menschen zerreissen."

„Ich bin ein Mensch aus gleichem Blut wie Sie. Wenn ich mich beim Rasieren schneide, *blute ich wie jeder Sterbliche. Ich habe nur mehr gelitten, als die meisten Menschen."*

„Ich brauche keine Zeitungen und keinen Rundfunk. Vor meinem inneren Auge sehe ich zu jeder Tages- und Nachtzeit Dinge, die sonst kein Mensch sieht. Wenn Sie meinen Körper hier vor sich sehen und meine Stimme hören, kann es trotzdem sein, dass ich nicht in dem Körper bin, sondern irgendwo anders. Die Rede kommt aus meinem Munde, ohne jede Anstrengung meinerseits. Sie fließt von selbst."

„Ich bin bedürfnislos wie wenige Menschen. Ich habe ein ganzes Jahr lang ohne ein Kleidungsstück auf der nackten Erde geschlafen, gedürstet und gehungert. Mein Körper bestand nur mehr aus Haut und Knochen. Ich habe jeden Arzt und jede menschliche Hilfe verweigert und mich nur dem Befehle unseres Herrgotts unterworfen. Und als ich nach einem Jahr aufstand, war auch mein Körper wieder gesund."

„Es liegt jetzt alles an Ihnen und wenn Sie sich nicht bemühen, kann Ihnen keiner helfen."

„Die Heilwelle geht genauso durch den Äther, durch die Wand, durch Berg und Erde, wie die Radiowelle. Diese ist künstlich und jene ist natürlich. Deswegen ist es möglich, dass Sie auch zu Hause oder gleich, wo Sie sich befinden, wenn Sie sich die Zeit nehmen, auch die Heilwelle empfangen."

„Wehe dem, der unter dem Einfluss des Bösen steht! Wohl dem, der sich aber dem Guten hingibt, wie er das Gute schon als gut empfindet und wie er glaubt, dass er auch dem Guten dient, dienen darf. Das ist mehr als Glück, das ist ein Segen Gottes. Denn der Mensch hat dann schon verdient, dass er dem Guten, dass er Gott dienen darf."

„Ich stehe tatsächlich vor den Menschen wie ein Transformator, der den Strom vom göttlichen Werk empfängt und weiterverteilt an den Einzelnen, wie er ihn braucht, um wieder leben zu können."

„Am ehesten kommt das Böse immer bei dem Menschen, der vom Bösen umgeben ist. Und das Böse tut von sich aus zielbewusst alles, den einzelnen Guten mit Bösem zu überschütten, um ihn hernach dem Bösen ganz ausliefern zu können."

„Wie ein anderer für ihn nicht essen kann, damit er seinen Hunger stillt, so kann ein anderer für ihn auch das nicht aufnehmen, wenn er nicht gewillt ist, das Gute, wie er es nötig hat, für seinen Körper selbst aufzunehmen."

„Nicht verurteilen, sondern beurteilen. Wie gesagt, beurteilen kann ich ihn nur dann, ob es ein Mensch ist oder wer oder was es ist, wenn ich den Menschen oder den Gegenstand, um den es geht, genauestens kenne. Dann kann ich ihn beurteilen. Wenn ich den Menschen nicht kenne oder den Gegenstand nicht kenne, dann kann ich ihn sehr leicht, ob ich es will oder nicht, verurteilen, aufgrund meiner Unkenntnis. Also, Kenntnisse muss der Mensch schon haben! Und hier liegt ja der wichtigste Kernpunkt überhaupt, dass man die Pflicht hat, sich von seinem Nächsten so zu überzeugen, damit man ihn durch all das, was er nicht nur an sich selbst, sondern an seinem Nächsten, womöglich auch schon für ihn getan hat, leicht erkennen und sich von diesem überzeugen kann."

„Der eine hat die Reife früher, der andere später. Unreifes Obst kann man nicht essen, der Apfel muss erst seine Reife haben, ehe

Sie ihn essen, und wenn er die Reife hat, so werden Sie auch gesund bleiben. Unreifes Obst isst man nicht. Einen noch unfertigen Anzug können Sie auch noch nicht anziehen. So ist es auch bei den Menschen. Der eine hat die Reife früher und der andere später, der eine ist gleich aufgeschlossen, die anderen kommen nach und nach."

„Ich bin und bleibe ein Kind, ich werde mich nicht ändern, nein und Sie alle und jeder kann glauben, was er will. Ich bin und bleibe ein Kind, bin nur ein Kind Gottes, mehr nicht, bilde mir nichts ein, nein, bin auch nicht feige, es zu sagen, weil ich weiß, ich bin nur ein Kind. Aber viele Menschen sind kein Kind mehr, weil sie erwachsen sind."

„Ich will nicht von einem einzigen meiner Mitmenschen verherrlicht werden. Ich bin nicht Gott, sondern nur göttlich, wie jeder meiner Mitmenschen!"

„Nun, meine lieben Freunde und so greift es doch weiter um sich."

„Es gibt vieles, das nicht erklärt werden, aber nichts, was nicht geschehen kann! Gott ist kein Ding unmöglich!"

„Liebe deinen Nächsten, liebe deine Feinde, in jedem Menschen ist der göttliche Funke, nur die meisten Menschen haben ihn noch nicht entdeckt."

„*Liebet das Leben, Gott, Gott ist überall!*"

Liebe Freunde,
geben wir das Böse ab, danken wir für das was wir haben und bitten wir für unsere Herzenswünsche.

Gott segne Euch!
Gott begleite Euch!
Gott heile Euch!
Gott leite Euch!

In Liebe Petra Michaela Schneider

Gerne kannst du lieber Leser bei unseren freien Gruppenstunden im Internet dabei sein.

> Youtube: Bruno Gröning Gruppenstunde Gmunden

Rückmeldungen oder Fragen, werden beantwortet unter:
jemis@gmx.at